法考考法

张启蒙 著

U0366383

化学工业出版社

·北京·

内 容 简 介

本书针对法考备考的特点和考生特点，总结了各种备考中的常见问题和考生的学习误区；全方位解读了考生在备考中应有的理想学习状态，同时也为考生提供了正确的学习理念和实操方法；帮助考生在备考之初就了解在备考期内应怎样安排自己的学习。本书能够很好地解决考生面临的各种备考问题。针对考生在备考过程中的状态，本书也作出了预演，希望可以陪伴考生感知自己在备考过程中的每一个选择，每一点努力。

图书在版编目（CIP）数据

法考，考法 / 张启蒙著．—北京：化学工业出版社，2022.1

ISBN 978-7-122-40203-5

Ⅰ.①法… Ⅱ.①张… Ⅲ.①法律工作者 - 资格考试 - 中国 - 自学参考资料 Ⅳ.①D92

中国版本图书馆 CIP 数据核字（2021）第 220459 号

责任编辑：罗　琨　　　　　　　　装帧设计：韩　飞
责任校对：张雨彤

出版发行：化学工业出版社（北京市东城区青年湖南街 13 号　邮政编码 100011）
印　　装：三河市双峰印刷装订有限公司
710mm×1000mm　1/16　印张 13¾　字数 155 千字　2022 年 3 月北京第 1 版第 1 次印刷

购书咨询：010-64518888　　　　　售后服务：010-64518899
网　　址：http://www.cip.com.cn
凡购买本书，如有缺损质量问题，本社销售中心负责调换。

定　　价：58.00 元

怎样学能确保通过法考?

我曾听过一个关于华为的故事。

很多人都是通过华为手机认识了华为，也经常有各种新闻给我们展示华为的强大，比如研发投入世界排名靠前、5G 通信技术全球领先、高薪招揽天才少年等。但绝大多数人只知道华为很强，却并不知道华为强在哪里。

1998 年，华为还不像现在这般强大的时候，就决定花 20 亿元人民币聘请美国 IBM 公司为自己提供咨询服务，学习先进管理经验。20 亿元人民币，那可是当时华为一年销售收入的四分之一。引入 IBM 公司的先进管理经验后，华为彻底筑牢了可以支撑其飞速发展的基础。

我们在惊叹任正非魄力的同时不禁要问，华为到底从 IBM 学来了什么?

华为学到的是一个发展的基本架构，是一个可以保持团队不受外界因素影响，按正确的既定方向稳扎稳打，提升自身能力的发展框架。

这个架构，其中的一条线就是研发更多的好产品。将其用数字来表现，即华为将每年销售收入的

10%~15% 用来做研发，这其中有 10% 用来做基础研究，而这 10% 中会固定有十分之一的资金用来资助科学家和做基础学科的研究。

华为的架构简单描述如下。

IPD：怎样才能研发更多、更好的产品？

LTC：怎样才能卖得更多？

ITR：怎样才能挣到更多钱？

这样的问题很抽象，但是经过不断细化，每一条线上的团队都有明确的方向。只有拥有明确的方向，团队成员才不会把研发费用中那部分资助科学家的经费，拿出来用于市场宣传。

各条线上的团队按部就班地在自己的框架下，发现问题，解决问题，所有的工作只围绕自己的架构进行，各团队面对的局面一下子就简单了。他们面对的判断就只是符合或不符合既有架构的要求——符合就做，不符合就不做。正是因为各条线上的团队按照既定的架构，将有限的资源集中去解决符合架构的问题，一点点积蓄能量，才有了今天华为傲视天下的运营、发展、自我提升的能力。

说回到我们的法考备考。通过法考分数线一定是因为你的能力和掌握知识程度达到了考试的要求。而个人能力和公司能力的提升，其实原理是一样的，都需要在解决问题的过程中不断磨炼。

我们可以来看一下，大部分人备考过程中的常态是什么呢？他们被各种信息裹挟着，有限的脑力总是被用来对自己接收到的各种信息进行判断乃至作决策。比如：

我是不是学不完了？

那个人比我学得快、学得好，我好闹心，我是不是不行？

这个老师的每日一题我要不要跟一下呢？

那个老师出的司法解释解读，我要不要听一下呢？

这个备考建议跟我的思路不一样，我要不要改一下呢？

产生这些纠结的根源就在于没有架构。由于对考试的认知不全面，大家不知道什么该关注、什么不该关注，不断被各种无用信息干扰。本来可以心无旁骛学习的时间，都浪费在了对这些信息的判断和焦虑上。这就是这个信息碎片化时代的现状，每个人都需要用大量的精力去甄别信息，很少有人能够不受外界信息的影响而做到专心致志。

那我们怎样学才能确保通过法考呢？那就是备考一定要有自己的架构。架构就是完全从自己出发，以自己为主定下的基本原则。这些原则是你做每一次判断和选择的依据。你的所有精力只需要用来关注跟架构相关的事情，其余的都可以屏蔽。这样一来，你面对的局面也会马上变得简单。

我给大家提供的架构就是三项：时间、状态、理解。

进一步说，当你面对一件事情时就应该考虑：它到底是在节省时间还是在浪费时间？它到底是影响状态还是提升状态？它到底能不能真正提升自己的理解能力和记忆能力？

三项架构中，时间是核心。脱离时间谈备考是没有意义的。法考最大的难点是知识点多，而真正算得上难以理解的知识点其实并不多。时间足够，法考就不难。但由于每个人的动机、学习能力、执行力等都有很大差别，大部分人会稀里糊涂地浪费掉大量时间。可以说，法考最大的"敌人"就是时间。保持好的状态，提升理解效率、记忆效率都是为了拥有更多的复习时间。你只有拥有足够多的复习时间，才能在努力的间隙得以调整状态，获得喘息之机；只有拥有足够多的复习时间，才能有足够的试错机会，去重新掌握你每一次因听课走神而错失的知识点。备考三个月甚至一个月即能通过法考的人当然存在，但不要天真地以为，你也可以那样。

从这三项架构出发，我们需要每天问自己，我此时做的事情是否能够为通过法考带来助益？是否符合架构既定的学习路径？刚开始你不一定很适应，但当你问了自己几百遍之后，这些就会变成你的习惯。当你所有的思考和行为都围绕一个简单清晰的架构，你就能列出属于自己的问题清单，即你需要改进哪些问题。问题找到了，你就需要在自己的能力范围内去解决这些问题。在解决问题的过程中，你的能力自然会不断得到提升。

按照这个思路你再回看，别人的进度会影响你的架构吗？第一轮学习过程中没有理解全部的知识点会影响你的架构吗？一些零碎的备考建议，若跟你的思路不一样就会影响你的架构吗？这些问题都不会，也不应该影响你的学习节奏。你只需要从自己的实际情况出发，尽最大努力，作出你认为目前最正确的选择就可以了。

对外界信息的刺激产生应激反应是我们的本能，且很多时候并不理性。但当你以架构为指引去筛选信息，在面对选择时，你就能更清晰地知道怎样去选择。在多次作出正确选择、解决问题、能力提升之后，你就会一点点找到正反馈的感觉，得以进入学习的正向循环。

在你的能力范围之内，在架构的指引之下，投入更多时间，保持更好的身体状态和心理状态，理解并记住尽量多的知识点。于你而言，这就是最高效的备考方式了。哪怕因为基础学习能力稍微差一点，没能一次通过，下一年再努力，也必定能通过。

本书将会把这个架构拆解为具体的学习动作，帮助你更高效地发现问题、解决问题。至于过程中的艰辛、状态上的起伏，那是你必须经历的，能力的真正提升，从来就没有捷径。

怎样用好这本书？

本书的核心理念是"法考（'法考'的全称为国家统一法律职业资格考试，本书简称为'法考'），不仅是通过！"

为什么要这样提呢？这是基于考试特点和考生特点等综合因素提出来的。

法考号称"天下第一考"，这个说法虽然很有争议，但是法考的考试内容之多、范围之广、通过难度之大也是客观事实，由于法考报名门槛相对较低，很多考生的基础学习能力其实是不足以应对考试的；再加上大部分考生的备考时间都是在半年以内，面对着海量的备考内容和各种备考信息，很多人就会手足无措，在备考过程中不知不觉地迷失。一面是想学好，一面却又不知道怎样能学好。这样的落差使得很多考生稀里糊涂地开始，盲目且痛苦地坚持。有统计显示，法考每年弃考的比例高达20%。

然而，换一个角度想想，这其实也是一个自我提升的机会。我们在工作、生活中会经常陷入舒适区，多数情况下不太需要为了某一个任务持续努力半年之久。法考正是这样一个天然的好任务。既然法考难度很大，大部分人不可能比较轻松地通过，那这个煎熬的过程，也应该被你很好地利用，让它成为你成长的过程、蜕变的过程。

当然，我提出"法考，不仅是通过！"的理念，并不仅仅是因为这些，更是因为我自己就是这个理念的受益者。通过法考备考以及考完试后的持续学习，我终于真正体会到了自身学习能力的质变。之前的我曾经一直苦恼于：学习很努力，但学习能力却没有多大提升。

在完成法考这个学习任务的过程中，我不断找方法，再加上考试之后的持续探索，终于，在某一刻，我明显感觉到自己的理解力和记忆力发生了质的改变。我突然发现，我可以几个小时读完一本书，可以一口气轻松写下几千甚至上万字的文章。这个感觉实在没有办法向没体会过的人描述清楚。但我自己能清晰地感知到，从处于一个低谷期，到决定法考备考，每天为了一个明确的目标而努力，内心就会变得十分安定。安定下来的心境，支撑我一点点地去积累，目标越来越清晰，在很多小的节点体会到自己的进步，最终达到那个触发点。虽然作为一个能力一般的普通人，我的整个备考过程很不容易，但不断感知自己每一点进步和最终收获的质变，让我下定决心要帮助更多的人迎来属于他们自己的质变时刻。

我系统地梳理了自己备考过程中的学习心得。在研究学习理论的过程中，我发现，自己的大部分选择是有科学理论依据的。正是因为顺应了认知规律，才能有轻松通过的感觉。虽然在备考过程中，我也浏览了很多备考建议，被各种五花八门的信息"轰炸"，但是在每一个选择面前，我都能够根据自己的实际情况作出独立的判断。最终，我顺利通过考试，验证了这些选择的正确性。无数次的独立思考也塑造了我的思维方式。

通过这本书，我希望能够在繁杂的信息以及艰难的备考过程中，给考生们提供一条明确的主线；希望能够帮助大家，在备考过程中，运用正确的学习理念和学习方法，遇到问题，解决问题，最终实现学习能力的蜕变，也实现心态和思维方式的蜕变。

我把本书的核心目标确定为帮助那些不太会学习的考生，帮助他们营造出一个不易焦虑、专注力强、爱思考、会思考的大脑环境；帮助那些会学习的考生，完善对学习体系的认知，搭建出学习体系的雏形。

另外，面对目前法考一年两考的考试模式，很多投入精力不足或者学习方法不太对的考生，出现了即便通过了客观题部分，主观题部分也会比较困难的现象。甚至很多能够在客观题部分得高分的考生，最终却在主观题部分失败。这都是没有兼顾主客一体复习，把备考精力过于倾斜给客观题导致的。本书在大量学习经验、学习理论研究的基础上，将主观题要求的输出能力融入了客观题部分的学习，希望通过这样一个主客一体的学习方式，帮助考生完成最现实的目标，即能够一次性通过法考。

本书一共分为五个部分。

有关法考的基础信息部分，本书未做展开。我给大家提供了免费的电子版法考基础信息攻略，大家在全网搜集下载即可；同时在全网各平台搜索"法考小萌哥"，均可以找到我的实时备考建议。一本书写出来需要反复予以注释，才能发挥它最大的作用，我会不断针对典型问题给出解决方案。这些内容将帮助读者更好地理解本书所讲的方法和理念。

1. 第一部分　法考全局观

备考的过程对很多人是未知的。刚开始学习，你无法体会备考中后期那种望知识点兴叹的焦虑感，也无法体会客观题通过后，向主观题过渡的思维转换的痛苦。

我们通过详细解读法考大纲、备考全程推演等内容，将整个考试过程中可能面临的问题列举出来，帮助你用最快速度理清思路。这种全局化的了解可以帮助你在考试中保持思路的清晰。这些内容也是你不断制订计划、调整计划的依据。

2. 第二部分　动机管理与目标管理

做一件事情的内在动机，是你动力的源泉。如果缺乏深层动机，在困难面前，你就很容易放弃。人都是有惰性的，如果动机不够强，也比较容易陷入惯性而不自知。

我结合企业 OKR（目标与关键成果法）管理工具，设计了一个小的目标管理工具，希望帮助考生以终为始地拆解目标，把大目标分解为具体可执行的学习动作。考生们通过每天清晰高效地完成学习任务，感知自己的进步，尽快进入学习的正向循环；每天进行小总结、小反思、小改进，打破思维惯性，不让自己陷入无意识的低效学习。

3. 第三部分　学习的原理

本部分内容主要针对法考学习设计，力求将高深的理论用浅显易懂的方式表达出来；同时，每一个章节中都争取为大家展示容易上手的方法。虽然无法做到特别深入、全面地解释理论，但希望这些内容可以抛砖引玉，激发大家的兴趣，随着学习的推进，循序渐进地去探索。

原理的学习过程是枯燥的，虽然各种方法、建议令人眼花缭乱，可脱离了原理会变成无本之木、无源之水。所以在学习了具体的方法、技巧后，要不断回归原理。只有深刻理解原理，才能更好地运用方法。

4. 第四部分　法考备考学习方法

本部分内容旨在将备考过程中的主要学习动作进行分解。对主要学习动作的描述做到由易到难，让考生有一个可以轻松开始的抓手。

另外，本部分内容也致力于帮助考生树立正确的学习理念，从自己的实际情况出发，不被各种信息带偏。

5. 第五部分　学习体系建立

学习是一个认知升级的过程，也是一个需要针对各方面资源都作充足准备和投入的过程。过程中除了单纯的听课、笔记、做题、记忆，还有一些必须关注的配套资源和需要提升的能力。

本部分内容希望帮助考生在经历法考的洗礼后，能够对学习体系和学习方法有一个比较清晰的认知，也可以有一个比较好的积累。

如果像常规备考模式那样，只着眼于考试本身，那么法考备考终究是一个煎熬的过程。即便通过了，也不会为以后的学习、生活留下什么好的行为习惯。荒废了本来已经积累到一定程度的学习惯性，丧失这次把已达到 80℃ 的水彻底烧开的机会，是非常可惜的。

对于大部分人来讲，法考都不是一个简单任务。在艰苦的学习过程中，作出每一个选择，无论是错误的还是正确的，考试成绩都会给你一个答案。备考的过程其实就是缩小版的人生，你的优点、缺点都会充分展现。站在更高的地方看待备考，可以收获更明确的目标感。基础学习能力得以提升，比较有掌控感地通过考试，对你的信心、心态、学习理念都会产生很大的助益。希望等读者体验过后，可以对自己的各方面能力有更清晰的认知，也会对继续自我提升产生更大的渴望。

相比于帮助考生通过考试，我更愿意把本书定位为：陪伴更多人体验法考的整个过程。我会持续围绕提升学习能力这个话题，输出优质内容。我的每一篇微博、每一条建议都会经过深思熟虑，不煽动情绪，不贩卖焦虑。希望我的所有表达和这本书一起成为一个完整的产品，在半年的备考时间里与读者完成多次心灵的碰撞。希望能够帮助更多法考生。法考，不仅是通过！更是终身学习的开始！

目　录

第一部分　法考全局观

第一章　拆解法考大纲 ///// 003

一、法考备考的二分原则 ///// 004

二、各科内容概述和基本学习思路 ///// 006

三、学习顺序安排 ///// 021

第二章　备考进程推演 ///// 026

一、整体理念 ///// 026

二、第一轮学习状态推演 ///// 029

三、第二轮复习状态推演 ///// 032

四、第三轮复习及冲刺阶段状态推演 ///// 035

第二部分　动机管理与目标管理

第三章　动机管理与目标管理工具 ///// 041

一、只有真正的动机才是通过法考的最大保障 ///// 041

二、目标管理工具 ///// 047

第三部分　学习的原理

第四章　惯性与大脑 ///// 059

一、学习最大的敌人是惯性 ///// 059

二、先对抗本能，再认识大脑 ///// 061

三、调教大脑 ///// 062

第五章　怎样集中注意力 ///// 065

一、不太成功的小黑屋学习群 ///// 066

二、注意力无法集中的原因及解决办法 ///// 067

第六章　怎样理解抽象概念 ///// 072

一、抽象概念本身就是一个抽象概念 ///// 072

二、怎样理解具体的抽象概念 ///// 074

第七章　怎样训练逻辑思维 ///// 078

一、训练逻辑思维的好处 ///// 079

二、认识逻辑思维 ///// 080

三、逻辑思维的核心概念和框架 ///// 082

四、训练逻辑思维的方法 ///// 086

第八章　怎样进行法律思维 ///// 089

一、国家的视角 ///// 090

二、法律共同体的视角 ///// 091

三、普通人的视角 ///// 093

第九章 文本分析法 ///// 095

一、为什么要训练文本分析能力？ ///// 096

二、文本分析的前提是定位范畴 ///// 098

三、文本分析的起点是词义理解 ///// 099

四、句义、句群、段落、段群的理解 ///// 101

第四部分 法考备考学习方法

第十章 学习技巧之预习 ///// 107

一、预习的目的 ///// 107

二、预习的步骤 ///// 109

第十一章 学习技巧之听课 ///// 111

一、关于听课的理念 ///// 112

二、怎样听课 ///// 114

第十二章 主客一体复习的核心是对输出的刻意练习 ///// 120

一、训练输出的意义 ///// 121

二、输出的形态及方法 ///// 123

第十三章 怎样做真题练习 ///// 127

一、真题的本质 ///// 127

二、怎样利用真题最有效 ///// 129

第十四章　怎样建立笔记系统 ///// 140

第十五章　法考应该怎样记忆 ///// 146

一、认识遗忘 ///// 147

二、怎样提高记忆效率 ///// 149

三、怎样把短期记忆变成长期记忆 ///// 154

第十六章　客观题怎样向主观题转换 ///// 157

一、论述题的备考策略 ///// 158

二、案例分析的备考策略 ///// 159

第五部分　学习体系建立

第十七章　怎样在备考中做到独立判断 ///// 167

一、它是谁？我是谁？ ///// 168

二、它在哪？我在哪？ ///// 170

三、我真理解吗？我还有更好的选择吗？ ///// 171

四、小步试错，勇猛精进 ///// 172

第十八章　怎样高效休息 ///// 174

一、休息是为了整体状态可持续 ///// 175

二、在学习过程中劳逸结合才能真正高效 ///// 178

第十九章　精力管理 ///// 181

一、身体状态管理 ///// 181

二、心理状态管理——对抗焦虑 ///// 186

第二十章　怎样养成好习惯 ///// 189

一、找到自己的动机与信念 ///// 190

二、养成习惯的步骤 ///// 192

后记：我要在你的脑袋里画一幅图　//// 197

第一部分

法考全局观

第一章　拆解法考大纲

　　考生要明确一点：法考大纲（全称为国家司法考试大纲）并不需要你来看，研究法考大纲是老师的工作，但是法考大纲的目录，对我们而言是有意义的。我们现在的备考学习分为所谓的 8 个科目，就是对该大纲的拆解。这 8 本讲义的目录就是老师根据自己的教学模式，对法考大纲的目录进行了微调和转化。而法考大纲又是从需要考查的 300 多部法律、法规、司法解释中提取出来的。所以，整体了解法考大纲的概况，可以达到以下几个目的：一是大概了解每一本讲义包含哪些法律法规，其中哪些是重点，哪些是非重点；二是每一个科目大概在讲什么，复习的思路是什么。

一、法考备考的二分原则

法考的特点是重点内容会反复考查，一些非重点内容的考查深度远远不如重点内容，也就是所谓的"重者恒重"。所以，不论用多长时间复习，你都应该坚守二分原则，即把核心科目（下称"主科"）和非核心科目（下称"小科"）区分开；把有限的资源先用在主科的学习，小科放在冲刺阶段再学。

这样安排，并不是说小科分值少、不重要；相反，它们同样很重要，甚至分值很多。但是它们是对你的考试成绩锦上添花的，想让它们雪中送炭很难。 尤其是主观题部分并不考查小科。如果你不是很晚才开始备考且只想冲刺一下客观题的话，那还是要以主科为核心去学习的。当然了，复习策略一定不能教条主义，每个人面临的都是个性化的问题。如果你的备考时间只有两三个月，那可能多背诵一些小科内容是更好的选择。

二分原则的具体复习策略是由考试的特点和大多数考生的备考方式决定的。

很多人知道法考备考要"民刑先修"，但是并不知道"民刑先修"的真正意义。一方面，民刑是法考最基础、最重要的科目，是最要求有完整体系思维的科目。民刑的成绩很难靠突击复习得到提升，所以必须安排在最先学习，慢慢地去消化理解，最终达到一个还不错的掌握程度。另一方面，民刑也是最适合的训练法律思维和逻辑思维的学科。民刑重理解，你的每一次反复琢磨，其实都是对自身法律思维和逻辑思维的训练。可以这样讲：民刑科目学习带给你的，是进入法学大门的基础能力和基础训练。 而像行政法、民事诉讼法、刑事诉讼法以及商法这几个科目，也是主观题的重点出题科目。除了行政法，其他几个科目都有一个主要的法典作为体系基础，很难在短时间内突击学习。行政法科目虽然暂时没有统一的法典，但是这些彼此独立的法律法规，是由一个完整的体系串联而成的，因此也需要整体学习。

再有，就是分值占比最高的两个重点科目，即理论法和商经知。虽然很多老师都会说：理论法、商经知，属于"C位出道"。但是这个所谓的"出道"，其实是很多小法抱团儿"出道"。理论法和商经知两本讲义，每本讲义都涵盖了很多个完全独立的法律法规，把它们拆开学是完全没有问题的。

与理论法、商经知情况类似，三国法（国际公法、国际私法、国际经济法）也是可以细分为按部分甚至是按章节学习。这三个科目的复习策略就可以根据复习的实际进展灵活安排。

从考生备考的角度来讲，大部分人肯定都想主观题、客观题能够一次性通过，所以也会在冲刺阶段来安排小科的复习。但由于备考时间、计划执行等因素的限制，考生中有很大一部分人在最后阶段会大量放弃小科或者仅仅根据一些冲刺材料很潦草地备考。

针对小科的备考，我的感触是：在考试中，难题或者老师的讲义中没体现的知识点，基本上大家都不会；简单的题，通过几个月的法感培养，你也能做对一部分。所以，小科只需要在备考冲刺阶段灵活安排，合理安排它们与主科之间的时间分配；掌握一部分小科，就基本能保证你不被拉开差距。

需要放到最后两个月才开始学的小科包括以下几个部分，见图1-1。

第一部分：三国法的全部（国际公法、国际私法、国际经济法）。

第二部分：理论法中的宪法、中国法律史、司法制度和法律职业道德、习近平法治思想。

第三部分：商经知讲义中的经济法、环境资源法、劳动与社会保障法，简称经环劳。

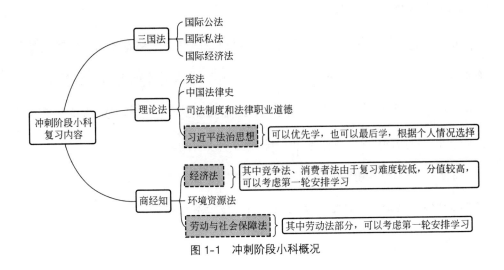

图 1-1　冲刺阶段小科概况

　　根据对考生备考进度的研究发现，大部分考生会因为备考过程中各种各样的事情耽搁时间，到最后不得不草草收尾。所以，如果把前面的大把时间用于学习小科，那后面时间不够的情况下就没有办法灵活调整，很可能因为压力骤增而影响整体学习效果。所以，不论你何时开始备考、基础如何，二分原则都是备考时首先要明确的策略。

二、各科内容概述和基本学习思路

　　下面我们来按照法考大纲目录及附录中的法律法规，结合每一本讲义的结构，简单概述各科目基本内容以及基本学习思路。

（一）理论法

　　理论法的讲义分为 5 个独立的部分：习近平法治思想、法理学、宪法、中国法律史、司法制度和法律职业道德。

（1）习近平法治思想

习近平法治思想是全面依法治国的指导思想，是对我国依法治国的基本工作思路、法治工作基本格局的高度概括。学习这部分内容对我们构建依法治国工作格局的框架和树立正确的法治观念都非常重要。

关于这部分内容的学习方法，建议将学习贯穿整个备考期，将这些内容穿插在其他科目的学习中间。利用碎片时间来反复通读体会。在初步学习后，要以习近平法治思想作为学习的指引，通过不断思考以加深理解，从其他科目中去找到共鸣。平时学累了，可以拿它做抄写材料，将记忆融于日常生活中。

习近平法治思想部分的考查范围，在客观题大概有 10 分左右的分值，主观题阶段的论述题大概有 30 多分，且题目难度不高。相较于其他科目，这部分内容不论从性价比还是战略地位，都值得大家给予高度重视，所以应该以客观题不失分、主观题得高分为备考目标。

当然，由于法治思想的内容和精神已经融入我们日常随时可以关注到的新闻，或者各具体部门法中。从考试角度来讲，内容的掌握难度相对是比较低的，如果想安排在备考后期以记忆为主快速学习也没有问题。这与前述建议是两种备考思路下的不同路径，可能有的人确实对这些内容理解起来比较吃力，大家根据自己的实际情况选择就可以。

（2）法理学

法理学的主要内容包括法律是什么、法律是怎样运行的以及法律的发展历程、法律与其他领域的关系等。法理学的知识不仅是我国的法律遵循的法理，很多知识更是所有法律通用的基础原理。具体的法律规定是依据基本法理的精神制定的，同时基本法理也是具体规定的落脚点。所以，我们要学习好法理学的基本概念和基本原则，这样能够帮助我们更深刻地理解具体部门法的规定。

我的建议是：第一科就先学习法理学。如果你连法律是什么以及怎么来的都完全没有概念，那理解刑法和民法肯定也困难。当然，这跟"民刑先修"的常规建议有些许不同：一般建议先修民刑是从这两个科目比较贴近生活、好上手这个角度切入；而我的建议是从知识体系建构的角度切入。

虽然法理学学起来较为抽象，但是先学习法理学的目的不是让大家能够完全理解，只要把"法律是什么"这个框架建立起来就行。把法律关系学明白了，你在学到民事法律关系时也能更快地理解，这都是不白学的。况且，目前法考培训界的各位名师，法理学讲得都非常好，经过他们的生动讲解，这些知识点未必就比民刑难掌握。

建议：除非你是法律本专业毕业且基础比较好，否则还是要先用几天时间学习一下法理学。学习完法理学且做好笔记，你就可以在后面部门法学习的过程中，不断回溯（Call Back）法理学的内容。经过长时间的消化、理解，法理学的很多内容就可以融入你思考法律问题的框架中。这样既能提升自己的法律思维能力，又能避免对法理学死记硬背。

（3）宪法

宪法是国家的根本大法，在我国的法律体系中处于效力最高的层级。它是制定其他法律法规的依据，规定的是国家的根本任务和根本制度、公民的基本权利与义务、国家机构的设置及活动原则等。 宪法及宪法相关法与行政法结合，规定了我国的公权力机关的运行机制。从公民的角度，宪法规定的是公民最基本的权利义务。总体来说，宪法部分的内容主要还是与公民的政治生活有关。

宪法及宪法相关法的内容比较琐碎，也有很多内容距离我们的实际生活比较远。所以，宪法的主要学习方法是以记忆为主。以国家权力运行的机制为框架学习宪法，有助于对宪法的理解性记忆，见图1-2。

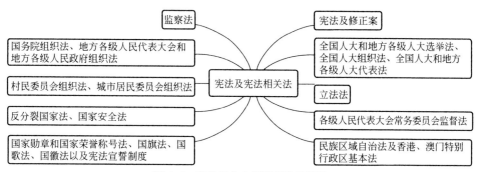

图1-2　宪法部分大纲附录法律概况

（注：附录法律名称均为简写，省略了"中华人民共和国"几字以及将"人民代表大会"简称为"人大"，全书同。）

（4）中国法律史

从内容与分值的性价比角度来看，法考中的中国法律史的性价比偏低。中国法律史在法考中所占分值在3～4分，但讲义内容却很多，并且比较晦涩难懂，相比较而言就不及经济法、劳动与社会保障法等部分的性价比高。所以，中国法律史的复习优先级可以排在最后，到最后阶段如果有时间就简单翻看一下冲刺资料，如果时间不够也可以选择放弃。

（5）司法制度和法律职业道德

这部分内容主要包括我国的司法制度以及规制法律共同体从业人员的一些制

度和准则。其中，规制职业人士行为的法律准则，在刑法及刑事诉讼法中也会有所体现，而道德准则又多涉及常识。所以，本部分内容的学习性价比比中国法律史稍高一点，学习方法以最后阶段看背诵材料为主。要有意识地将本部分中的法律准则部分与刑法、刑事诉讼法相关内容对照学习，这样可以相互促进。同时，在学习时要重点关注该部分内容中未与刑事诉讼法有交叉的细节内容，有针对性地背诵，见图1-3。

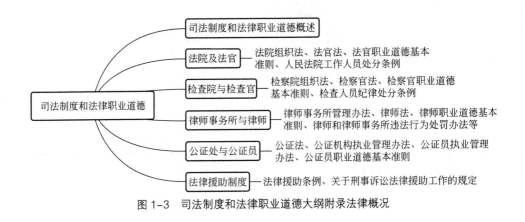

图1-3 司法制度和法律职业道德大纲附录法律概况

（二）刑法

刑法以一部刑法典（即《中华人民共和国刑法》）和十一部修正案（即《中华人民共和国刑法修正案》）为主，分论的具体罪名以及罪数论、刑罚论有若干司法解释列入考查范围。刑法是在解决一个犯罪行为发生后，对犯罪人在刑法意义上的定性和定量问题，具体包括：犯罪行为人是否构成犯罪？如果构成犯罪，具体触犯了哪个或哪几个罪名？确定了具体的罪名，应该怎样适用法律后果？刑罚如何执行及消灭？

在法考领域，刑法是各科目中唯一一个老师们互相之间理论冲突较明显的学科。但是大家不必担心，跟住自己的老师复习就可以。不用去关心所谓的理论冲突，也不要同时听不同老师的课程。针对题目，就按照自己老师讲的去答卷就可以。若有存在明显争议的理论，一般即便出题，也是开放性的，完全不必在这个问题上担心。

刑法学习最重要的是培养体系思维和逻辑思维。刑法总论讲的是定罪量刑的一般原理，而分论的具体罪名，实际是按照总论的逻辑框架去具体展开。也就是说，我们在学习总论时要着重于建立逻辑体系，解决分论具体问题时，按照这个逻辑体系一个要件一个要件地去审查即可。

不论你学习的是二阶层犯罪构成体系，还是三阶层、四要件犯罪构成体系，其主要区别是在思维顺序上，在认定犯罪方面，没有本质的差别，而法考的命题观点也是会照顾到各种理论，兼容并蓄。

重点提示：不论你跟的老师讲的是哪种理论，都要在学刑法期间，每天把老师讲的刑法总论的框架熟悉一遍。最好能单独制作一套小卡片，将犯罪构成、犯罪形态、共同犯罪、罪数等都整合在一起，作为你在分析某一个刑法案例时的指引。前期只要做刑法题时，你就把小卡片放在手边，按照步骤一个要件一个要件地去思考。这个思考顺序和步骤是最简单的训练逻辑思维的方式。不要因为题目选项的案情比较简单就跳过步骤。每一个题目、每一个案例都要这样思考，在很多次训练后，你就能够自如地调用这个思维模式去思考刑法问题了。

（三）刑事诉讼法

刑事诉讼（可简称"刑诉"）距离我们普通人的生活比较远，大部分人对刑事诉讼活动相对陌生。再者，由于刑事诉讼活动旨在实现刑法的法律后果，涉及犯罪嫌疑人的身体自由甚至生命，程序上的控制和规定都要力求严谨且细致。刑事诉讼涉及多个部门的协调工作，处处体现多个部门衔接的具体规定。跟民事诉讼法相比，刑事诉讼法好像把二则运算升级成了四则运算，处理路径的复杂程度也要高了很多。刑事诉讼法属于程序法，虽然程序法的理解难度要比实体法低，但以我们多数人对考试的时间投入情况来看，很难把如此琐碎的内容和复杂的流程掌握得很好。这也导致大部分人在做刑诉真题过程中，正确率普遍偏低，导致越学越没信心。

程序法最大的特色当属程序二字，想学好刑事诉讼法要从刑事诉讼活动程序的开展入手。

一个常规的公诉案件发生后，获得线索的司法机关就会启动刑事诉讼程序。公安局、检察院、监察委等都可以在自己的权限范围内，针对已经掌握的刑事案件线索进行立案、侦查（调查）等工作。如果犯罪嫌疑人确实触犯了刑法，就需要对嫌疑人采取强制措施以及取证、讯问、报捕等工作。如果办案机关经调查，达到起诉的标准，就要将案件移送到检察院审查起诉；检察院会对移交来的证据进行审查，判定是否能够达到刑事诉讼法规定的证据确实充分的标准，如果能够达到，检察院就要提起公诉，进入审判程序，即一审、二审、再审；如果涉及死刑的，还要有死刑复核程序。

这样一条线串下来，多个部门衔接起来，成功抓获犯罪分子，再通过判刑，执行刑罚措施。当然，刑事诉讼法还有一些特别程序、特殊规定以及很多细节上的交叉。以上描述只是为了简单、生动地展示在公诉案件中，刑事诉讼活动的全过程。

另外，我们还可以看看各机关关于刑事诉讼程序的具体规定。法考大纲中刑事诉讼法的附录法律，主要有：《刑事诉讼法》（全称为《中华人民共和国刑事诉讼法》)本法;《刑事诉讼法》司法解释,全称为《最高人民法院关于适用〈中华人民共和国刑事诉讼法〉的解释》,简称"高法解释";最高人民检察院颁布的《人民检察院刑事诉讼规则》,简称"高检规则";公安部颁布的《公安机关办理刑事案件程序规定》,简称"公安部规定";最高人民法院、最高人民检察院、公安部、国家安全部、司法部、全国人大法工委六大机关联合颁布的关于刑事诉讼法若干问题的规定(全称为《最高人民法院、最高人民检察院、公安部、国家安全部、司法部、全国人大常委会法制工作委员会关于刑事诉讼法实施中若干问题的规定》),简称"六机关规定";再加上专门针对公职人员监督领域的《中华人民共和国监察法》。

这些法律、司法解释等组成了刑事诉讼领域国家机关开展工作的行为准则,也即,有权开展刑事诉讼活动的国家机关,应如何把刑事诉讼工作做好。

针对刑事诉讼领域的程序烦琐的特点,考生们可以通读一下以上列举的法律及各相关司法解释的原文。按照法条的逻辑顺序通读,可以在讲义之外,从另一个角度建立刑事诉讼法的框架,掌握刑事诉讼活动的流程,见图1-4。

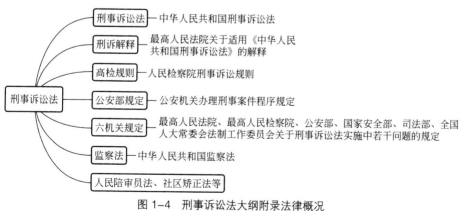

图1-4 刑事诉讼法大纲附录法律概况

(注:其他司法解释略)

（四）民商实体法及知识产权法、经济法、环境资源法、劳动与社会保障法

民法、商经知中的商法和知识产权法在法律部门上，均属于民商法领域。民商法解决的是作为平等主体的自然人或组织之间，民事权利保护和民事义务承担等问题。

除了商法和知识产权法，商经知讲义中还有经济法、环境资源法、劳动与社会保障法三大部分（简称"经环劳"）。

（1）民法

于 2021 年 1 月 1 日正式实施的《中华人民共和国民法典》（简称《民法典》）号称"社会生活的百科全书"，与我们的日常生活息息相关。民法的核心是保护私权利不受侵犯。任何一个民法问题的思考，都是从你有什么权利或者你有什么义务开始的。比如，去菜市场买菜实施的是具有财产属性的民事法律行为；与他人结婚、离婚实施的是具有人身属性的民事法律行为。可以说，一个人生老病死、衣食住行等方方面面的法律权利都被《民法典》保护着，也都被《民法典》约束着。

对于民法的学习，必须要深刻地观察生活，我们每天都面对无数民法意义上的行为或事件：坐地铁是与轨道交通公司签订了客运合同；开车上路，如果发生了剐蹭，这就是一个侵权行为等。对民法的学习要极其重视对基础概念的理解，在了解了民法概念术语后，要去体会整个民事活动的发展过程。比如：菜贩的叫卖，到底是要约还是要约邀请？你的哪个行为代表作出承诺？哪个行为又代表与对方达成合意？做生活中的有心人，对民法的学习是非常有帮助的。《民法典》各分编体系见图 1-5。

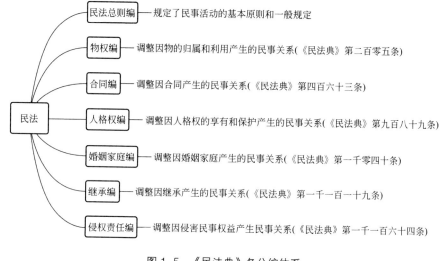

图 1-5 《民法典》各分编体系

（2）知识产权法

知识产权是一种兼具人身属性和财产属性的民事权利，但知识产权的内容没有进入《民法典》。在法考领域也多编入商经知讲义。

知识产权法包括《中华人民共和国著作权法》《中华人民共和国商标法》《中华人民共和国专利法》以及相关行政法规、司法解释。上述法律法规对知识产权这一综合性权利从产生到行使、管理、保护等方方面面作出了规定。所以，学习知识产权法可以用民法的权利思维去学习（图 1-6）。

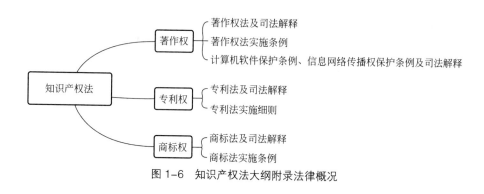

图 1-6 知识产权法大纲附录法律概况

（3）商法

商法主要分为商主体法和商行为法。商主体不仅包含公司，还包括合伙企业、个人独资企业、外资企业等。企业性质不同，各法律的一些细节规定也会有所不同。

商主体法以《中华人民共和国公司法》为核心，规范各种商业主体的组织运行和行为，保护商主体以及相关参与人的合法权利，进而维护市场经济秩序，促进社会主义市场经济发展。

关于商行为法部分的学习，你可以将一个企业类比为一个人。如《中华人民共和国破产法》规制的就是"人"死亡的身后事；《中华人民共和国票据法》《中华人民共和国证券法》《中华人民共和国保险法》都是规制各自领域内的商业活动。

商行为法部分的备考中，单个法律在客观题中分数占比较少，但是第一轮学习时，要与商主体法一起学。因为商行为和商主体有很多关联，要多去理解商事活动的逻辑，不能只靠冲刺阶段的背诵。另外，主观题是会考商行为法的，若只是死记硬背，到主观题阶段就会比较麻烦。

商法的学习要把商事组织拟人化，把商事活动场景化。作为法律意义上的拟制人，一个组织其实是人的共同体。组织中的各方组成人员，股东、董事会成员、监事会成员、员工等都因为共同存在于商主体中，而产生各种内部、外部的权利义务关系。商事行为是商主体作为一个整体对外建立关系，既有民法作为一般法约束，也有各专业领域的特别法约束。商法的整体学习逻辑，就是一方面要通过场景化，将组织与人的关系梳理清楚，另一方面通过拟人化将商主体所做的行为与具体的法律规定联系起来。

知识产权法被安排在商经知部分，也是有一定的道理的，因为知识产权跟商事活动是密不可分，所以大家也可以选择把知识产权法跟商法一起学，运用商事的逻辑去串联、理解知识产权（图1-7）。

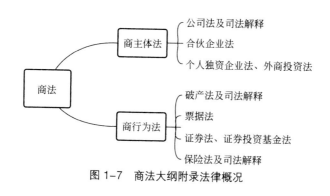

图1-7　商法大纲附录法律概况

（4）经环劳

"经环劳"这三部分内容均安排在商经知讲义中，所以在此一并展开论述。"经环劳"分别调整不同领域的社会关系。每一个部分内部又包含多个独立可分的法律。而每一个细分的法律分值都比较少，内容也比较繁杂。这些各自独立的法律要分别对待，每个人要根据自己的接受程度以及各科目的分值情况，进行学习优先级的排序。其中竞争法、消费者法、劳动法三个部分在近几年考试中，分值相对较高。可以考虑将这三个部分先进行学习，以免最后时间不足，学习效果不理想。这些小法单独拿出来，学习难度都不高，到备考后期，直接按照背诵版讲义及课程梳理体系，整理考点即可（图1-8）。

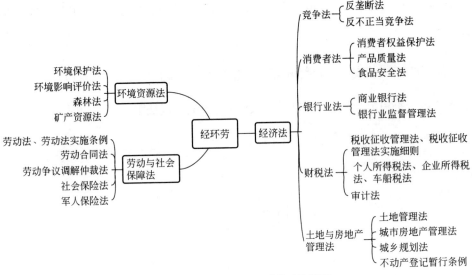

图 1-8   经环劳部分大纲附录法律概况

（五）民事诉讼法与仲裁制度

民商实体法领域的争议，除了知识产权涉及特殊的程序，其他的主要是通过民事诉讼或者仲裁来解决。程序法我们在刑诉部分提到了，要不断梳理诉讼活动的流程。民事诉讼就可以以起诉为起点，在诉讼活动展开的过程中，串联起管辖、当事人、证据证明、期间送达等制度。如果说实体法是以总论或者一般原理为主框架和解题思路，那么程序法就是以诉讼活动的流程为主框架和解题思路。实体法要求的思维路径是在具体规定上，不断演练一般原理；程序法要求的思维路径是在诉讼活动发展的流程上，不断演练一般原理。这样的思维路径形成并固定下来后，知识体系就会在你一遍一遍的演练中，越来越清晰。

仲裁作为民商事争议解决方式的一种，既有自己完整的流程，又因为仲裁是属于社会救济，涉及与法院的衔接。仲裁的结果最终要受到法院的约束，仲裁裁决的实现也只能通过法院的执行程序，由国家的强制力支撑。历年题目以仲裁程序中与民事诉讼衔接的考点为主，比如，仲裁协议涉及仲裁委员会与法院的主管权限划分，申请撤销仲裁协议涉及与法院的程序衔接等。学习时也要注重对程序衔接的流程梳理。

（六）行政法

行政法讲义由行政组织法、行政行为法以及行政救济法等几大部分组成。虽然我们能接触到各类行政机关，但是对行政机关的运作规则还是相对陌生的。

行政法不仅规定了行政主体应怎样行使行政职权，也规定了当行政相对人权利受到侵害时应如何维护自己的合法权利。在行政主体实施行政行为的过程中，我们最直观的体会应该就是程序性非常明显。每一个部门都有自己明确的权限范围和运行规则，这背后都是相应的法律法规在指引和支撑。

行政法的学习方法主要就是要掌握每一个行政行为的概念以及行政主体作出各种行政行为的程序。以行政行为为核心，在行政相对人权利受损时才能判断如何维护权利，在行政复议或行政诉讼的过程中，才能作出正确的处理。

行政法讲义中还有一个独立的存在，就是国家赔偿法，涉及行政赔偿和司法赔偿，分别针对的是行政机关工作人员和司法机关工作人员在行使职权过程中，侵害了公民的合法权益，造成的损害由国家承担赔偿责任。因为其相对独立，所以如果你先学行政法，可以一起学，也可以等刑诉学完再来学国家赔偿法。学完刑诉再学，可能会更容易理解一些（图1-9）。

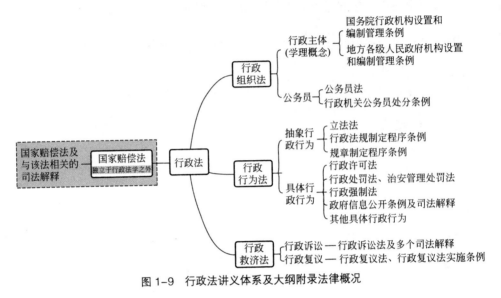

图1-9   行政法讲义体系及大纲附录法律概况

（七）三国法

三国法分成三大部分，即国际公法、国际私法、国际经济法。

三个部分又可细分为很多法律。国际公法每一章都可被视为一个独立部分的学习，很好理解，重点也非常突出，可以考虑直接背诵。国际私法涉及很多民法和民事诉讼法的内容，民法的基础好，学习国际私法就不会存在太多理解障碍。国际经济法中，也有很多与国际贸易法律制度、知识产权等内容的联系。总之，前面的内容学得好，非常有助于三国法的理解。另外，对于三国法的考查，重点章节十分突出。在最后阶段学习时，可以根据自己的进度灵活安排，选择性放弃，提升学习效率（图1-10）。

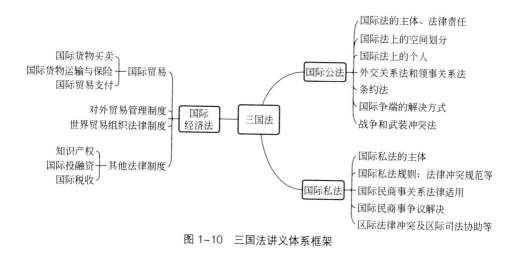

图 1-10　三国法讲义体系框架

通过以上概述，希望考生们能够了解法考所有考查科目的概况和基本学习思路。本节内容并不一定对你掌握知识点有直接助益，很多的表述也比较笼统。但这些内容起码能帮你在大方向上不出错，避免浪费时间。另外，对于非法学专业的考生，也可以建立起一个全局视角，避免一直学得稀里糊涂。

三、学习顺序安排

根据对法考大纲目录的拆解，可以知道，备考所学的 8 本讲义，是各科老师对 300 多部法律法规、司法解释的展开讲授。根据各科的学科特点、考试要求、分值占比等因素，在这里给大家推荐一个学习顺序。当然，这只是一个参考，因为学习顺序没有一定之规，并不是说你不按照这样的顺序学习就会对学习效果产生实质的负面影响。

前面的内容已经或多或少提到了一些学习顺序问题，本节我们对学习顺序做一个完整的梳理（图 1-11）。

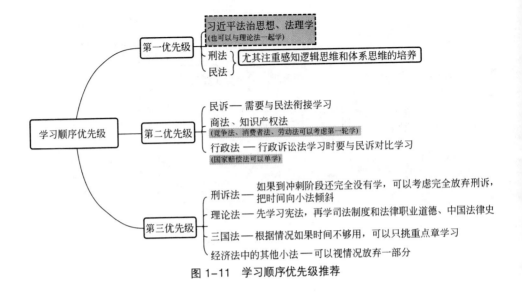

图 1-11　学习顺序优先级推荐

　　整体上备考要坚持二分原则。主科的学习原则是原理性的科目、理解性的科目先学，偏记忆性的科目后学；实体法先学，程序法后学；小科放在冲刺阶段学。

　　"民刑先修"或者法理学优先学的原因前面已经解释了。对于习近平法治思想的学习，我要再次强调，大家要尽早接触，建立框架。习近平法治思想这部分备考内容，如果不是特别提示，我想很少会有人提前学。但是大家可以想一想，你参加考试的目的是为了通过，所以就应该明确一点，即哪些科目最具有确定性，就要把资源向哪些科目倾斜。经常有考生向我反映主观题部分背不下来，不提 30 多分的分值摆在那里，真正需要背诵的内容也真的不是很多，但就是有很多人以自己不爱背书、记忆力差等作为借口，有的人甚至因为跑题而丢掉最应该拿到的分数。所以说，这样的人如果主观题失败，真的不冤枉，如果真背不下来，那就再思考下为什么参加法考吧。

先学习理论法中的法理学和习近平法治思想。这样学并不是要求大家一上来就掌握得多么好，而是要先对基本的法理和我国依法治国的工作格局建立一个大概的框架。这一点对非法学本科的考生尤为重要。在学习中你可以慢慢体会，部门法具体规定对基本法理精神和依法治国相关政策的贯彻。这种影响是潜移默化的。当你形成了思维模式，再去看一些你原本不熟悉的内容时，也可能从基本法理和法治思想出发推导出来，这样也会极大地减轻其他科目的学习压力。

前面提到民刑的学习，是我们积累法学基础能力和基础思维的关键。另一方面，民刑题目的考查深度及综合性远超其他学科，所以民刑不仅要先学，还要给民刑的学习规划出足够的时间。

大部分考生都认为民刑的备考偏重理解，这里就有一个对理解性科目最大的误解。其实，理解性科目只是对理解要求更高，但对记忆的要求同样不少。何况，很多考生所谓的理解，并不是真的理解。第一次学习民刑时，考生们如果理解得不够，草草学过之后，就急赶着去学习其他科目，那等他们回头再复习民刑时，大概率会发现自己大脑一片空白。比如，有可能你初次听课时灵感突发记录了一个理解，过了一段时间再看时，你甚至连自己为什么这样理解都会忘记。

民刑的学习非常注重体系化，所以必须扎扎实实地用每一次思考、每一个题目、每一个案例去梳理自己的知识体系。只有这样，民刑两个科目才不会成为你的负担，反而会成为你的助力。

在民刑的比较中，我推荐先学习刑法。因为从知识点的广度和复杂度来看，刑法是要略低于民法的。如果一上来就学习民法，有很多人会学到失去自信。学习的前期建立起自信心，对学习效率的提升是非常有帮助的。

总之，"民刑先修"肯定是对的，也必须把民刑放在第一优先级去学习。这样你才有足够多的时间消化知识，查漏补缺。一般开始得比较早的考生，可以连续学习两遍民法、刑法后再开始其他科目。备考开始相对晚一些的考生也要尽可能给民刑分配多一点的时间。另外，法理学和习近平法治思想的内容，请根据自己的实际情况进行选择。还是那句话，不按我推荐的顺序学并不意味着你通过不了法考。

学完刑法和民法后衔接的是民诉。民法和民诉要衔接在一起学习，也就是说，如果你先学了民法，后面按顺序也要接民诉而不是刑法。实体法和程序法结合考查，也是考试改革的大趋势。学习民诉的过程中，要注意回头与民法实体法衔接。民诉的内容与民法实体法之间有很多关联，比如民法中的民事主体与民诉中的当事人；在学习民诉管辖问题时，有关合同编、侵权责任编等内容也可以再次巩固。

当然，如果你开始备考时想学习的科目还没有出版新一年的讲义，也完全可以用上一年讲义开始学习。法律具有稳定性，每年所谓的新增、修改等内容，不会对讲义内容产生实质影响。你也不必高估自己第一轮学习的效果，因为有很多修改的地方，你可能压根就记不住；再次学习也不会有太大的障碍。尽量不要因为所谓的修改，非得等新讲义而打乱学习顺序。

第二优先级学习的内容是民诉、商法、知识产权法和行政法。除民诉要与民法做好衔接外，其他几个科目的学习顺序可以自主安排。只需注意商法和知识产权法与民法有很多联系，而行政法中的行政诉讼法是脱胎于民事诉讼法属于诉讼法领域。在学习这几个科目的时候，一定要把前面已经学过的民法、民事诉讼法讲义放在手边，以便随时翻看、对比学习。这对前面的内容也是一个很好的复习机会。

刑诉放在稍微靠后的位置是因为这个科目的学习内容多且琐碎，想在有限时间内学好确实很难。根据每年考生的反馈来看，大部分考生对于刑诉的学习效果都很不理想。因此，有前面各个科目的学习打基础，学习刑诉会稍微轻松一点。

如果前面没有安排法理学、习近平法治思想的学习，在学完刑诉后可以安排理论法的学习。至于其他的小科，我们前面已经讲到了，要把这些小科视为很多个独立可分的内容。前后顺序要根据自己的实际情况确定，一般根据分值占比或者自己的基础选择性学习就可以。此处不过多展开，到备考后期再作系统的提示。

另外，在学习顺序这一节，我们只是梳理了第一轮学习的顺序安排以及这样安排的理由。具体涉及如何复习、什么时间做真题等内容，会在后面的章节进行展开论述。

第二章　备考进程推演

本章旨在帮助考生，将备考过程中常见的问题以及多数考生需要作出的选择进行完整推演；帮助考生清晰地知道备考过程中如何安排自己的学习时间，也就是备考的几个月时间，自己大概应该怎样度过。

一、整体理念

经常有备考主观题的考生问我，有没有专门针对主观题考生的计划？在这里我给予统一回复：不管你是脱产备考还是在职备考，不管你是考了几次，考客观题还是主观题，你都不必四处寻找各种模板。

备考建议、计划模板随处可得，但是这些内容能真正帮到你多少呢？

任何一个模板在制作出来之后，它的作用就特定化了。不在于模板有多少合理性，而在于用的人能从中得到什么。我强调，各种信息的缺点不是为了批判，而是为了提示那些分辨能力弱的考生要独立思考。每个人的资源不同、基础不同，所有的信息都只能作为参考；在法考备考的过程中，没有任何一个人是完全跟你站在一起的。

法考对大部分人来讲，都不是一个随便敷衍就可以通过的考试。况且，通过法考只是你进入法律行业的敲门砖而已，后面的工作会比考试困难很多。我希望大家能够下决心拿出自己十成十的拼劲，不仅为考试，也为将来的自己打下一个坚实的基础。

对于在职考生来讲，备考时间非常有限，兼有各种压力在身上，法考的备考过程中肯定会有很多让你感到焦虑、煎熬的时刻；你也可能遇到很多突发情况，打乱原本的部署。哪怕你是在校生，没在社会上摸爬滚打过，也有大把的学习时间用于备考，你也应该好好体会这个过程。用更高的标准要求自己，对你将来顺利在职场立足也会有很大帮助。

大家对法考备考要有一个认识：不是说你投入备考的时间多，法考就一定能过。但决定法考最大的变量的确就是时间，即你有效调动学习能力的时间。如果你玩手机 1 小时、看书 5 分钟，即便你每天在图书馆从早待到晚，都不能算进你的有效学习时间。

审视自己的时间安排和思维惯性是我们在备考全程一直要做的事情，甚至每天都要做很多次。在前期磨合出好的学习习惯，学出状态，学出信心，可以尽量避免自己在备考后期，因为压力和焦虑来袭而导致情绪崩溃。

每一天的学习，体现出来的不是你在某时某刻干了什么、你的时间投入有没有价值，唯一评价标准是你今天是不是学有所得。简单说就是，晚上睡前你要问自己，此刻的我比早上的那个我进步了吗？希望你们拿出全部努力，每天都去感知自己的进步，只有这样你才能够越来越有目标感，越来越有信心。

我把整体学习思路的安排，称为三轮基础、无限重复（图2-1）。

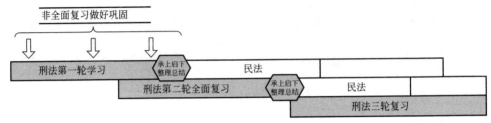

图2-1　以刑法为例的复习节奏示意图

"三轮基础"的意思是，我们从备考全程的角度看，有一个三轮的框架安排。具体来说，一轮是学习，提取重点；二轮是复习，查漏补缺；三轮是刷题和整理总结，纠正错误，完善知识体系。不要想着所有科目都能完成三轮复习，只要主科中的大部分能按照这样三轮学下来就很好了。关于每一轮的细节，我们后面再展开解释。

"无限重复"的意思是，大家要明白没有什么明确的学习、复习之分。不管你的学习安排是什么样，复习必须是融入学习过程中的。

大家一定要在三轮基础和无限重复之间寻求一种平衡。不能只推进学习进度而忘记了随时随地复习，也不能因为觉得知识点复习不到位，心里没底而使得备考进程停滞不前。由于知识结构、听课时的注意力等原因，你在刚开始学习的时候是不可能做到理解非常到位的，只能是随着理解力提升，一点点地纠错。所以你在一个地方耽误的进度，实际对你来讲影响并不大，你前期花10分钟才能理解透彻的一个知识点，可能到后期只需要 10 秒钟。

另外，备考学习一定要有节点感，即你要大概知道，到某个具体时间点，你的三轮基础的框架要搭建到什么程度。这个进度尽量不要差得太多，如果拖拖拉拉、进度太慢，在你看到别人的进度情况时，是很难不焦虑的。在保证正常学习进度的基础上，考生要利用各种机会增加复习的次数；也就是说，如果你一天有3 个小时的整块时间，这个整块时间要么安排推进正常学习的进度要么只安排反复复习一小部分知识点。复习不要太注重形式上的东西，你觉得做什么效率低，就直接放弃它。只盯一个目标：今天是否进步了？

总之，各种备考建议、计划模板当然都有其作用，但任何信息都只能供你参考，而不能作为你的指引；甚至，老师们做的各种建议和内容，你都应该从自己的实际情况出发作出取舍。你的所有目光都应该盯着自己，坚持从架构出发，独立判断各种信息，锁定目标，咬住进度，日有所得，竭尽全力。感知自己的每一次选择、每一点进步，在备考过程中，认识自我，提升自我。

二、第一轮学习状态推演

进入具体的学习状态推演后，首先我要提示一个众多考生都应着重加以关注的点：所谓的一轮、二轮、三轮，绝对不是一轮全部科目学完一遍之后再学习第二轮，二轮全部科目学完之后再学第三轮。若复习与学习无法衔接，会导致大量知识被遗忘，不仅学习效率低，对信心的影响也是非常巨大的。

第一轮学习的核心目的是尽可能高效地完成对孤立知识点的理解，进一步完成初步提取重点，建立知识体系的大框架。

所谓的理解，就是你看到某个内容，能够将自己已经掌握的知识或熟悉的场景套用到上面。老师讲义中的展开论述、案例，都是在把他（即老师）认为的最能和你产生联系、最能让你理解的逻辑和方式传递给你。说白了，就是在老师这么多的表述方式中，只要有一种能击中你的知识结构，你就可以理解；但老师讲的内容不可能是只针对你一个人的知识结构，它也会有很多解释，会超出你的认知。

所以第一轮的学习对很多人来说是非常艰难的，因为此时你对很多术语都还比较陌生。很多考生在学习过程中都有求全心理，不敢放过任何一个知识点，如此导致自己越学越慢。其实学习过程中你能把注意力集中起来，老师提示十句重点，能保证进脑子八句，理解五六句，就已经算很好了。我们应该在一轮学习中，把全部的效率用于理解老师说了什么、哪些是提示出来的重点、自己对于重点的理解是什么以及还有哪些困惑等。

既然现实情况是无法一次性掌握所有内容，那我们就要着重研究一个问题：怎样才能尽可能多地提取重点？

初步重点提取对应几个问题：本小节在讲什么或者在解决什么问题；本章在讲什么或者在解决什么问题；本章节的标题框架是什么，标题之间的逻辑关系是什么；本章节的核心概念、主题句、总结的话语是哪些，以及应该怎样理解等。

考生要在老师讲解每一个孤立知识点时，格外注意初步重点提取的素材，包括每一小节的标题框架、核心概念、核心问题。比如，老师明确提示的重点、波浪线标注的内容以及每一节课有明确总结性标志的话。

初步重点提取要求：把所学章节的核心内容转化为自己的话，并把自己对该章节内容的理解整合在一起记录下来。这些内容仅限于老师明示的重点；对于其他细节以及案例，要做到的是能听懂、能理解，能把自己的理解尽可能多地标注在对应知识点旁边即可。

初步重点提取，可以解决学习目的性不明确、求全心理重、记笔记如抄书、记忆压力大、畏难心理重等问题。初步重点提取是本书最重要的核心概念之一，贯穿整个学习技巧部分的内容。

等你学完半本讲义或一本讲义，再把之前记录的重点提取内容都放在一起，把这些内容整合成为这本书的中心思想，这就是这本书的知识体系框架。框架清晰的同时，你也应该把这些重点提取的内容翻看多遍，逐渐地加入自己的理解并总结熟练到可以脱口而出；再通过后面的复习、做真题不断将自己原本理解得不到位或者理解错误的知识点等都归入到这个框架，一点点通过所有的学习动作使这个框架丰满起来。最终，让自己的知识体系长成枝繁叶茂的大树。

很多考生学习效果差，主要是因为将精力分散用于每一个具体的知识点，但这些知识点都是零散学到的，考生们一直都做不到提纲挈领，以至于头脑里对一个学科的认知一直是一盘散沙的状态，根本就没有形成有效的做题能力。所以，第一轮学习一定要在理解每一个孤立知识点的同时建立整体视角。在第一轮学习中，你可以存在很多理解错误，也可以有部分内容遗漏掉，甚至可以大部分内容都想不起来，但是必须有意识地在学习过程中积累初步重点提取的相关素材，并经过整合，进而形成知识体系的雏形。这样在后面的学习中才能更有效率，所有的知识点才能更顺利地找到组织。不管看什么内容，你都可以往这个自己已经深度掌握的框架上去套。你的所有时间都可以被用来将各种场景、各种信息与知识体系建立起联系。这就是学习最该有的状态——一点击穿、全面开花。越早完成一点击穿的状态，越能够全面开花地把所有的信息归入到知识体系，最终达到你能力范围内的最高效率。

当你能够在每一节学习后都提取出重点内容，并把这个内容转化为自己的常用话语，作为学习成果记录下来，你就可以向前推进学习了。至于这个理解对不对、是否全面，这都不是这个阶段需要考虑的问题。首先，在初步复习中你没有办法理解透彻；其次，你也不是明天就要上考场，你还有很多机会通过反复翻看、做真题等方式完善这些内容。

总之，第一轮学习过程中，不管你是做笔记也好，做思维导图也好，抑或是只把你的初步重点提取记录在讲义的空白处，选择自己学习效率最高的方式，尽可能多地把老师讲的重点内容固定下来就好。此外，第一轮学习过程中尽量不要多个科目同时推进，要让自己完全专注于一个学科的逻辑体系，这样能够更有效率地建立框架。

三、第二轮复习状态推演

按照认知心理学的最新理论，半年备考期的考试，复习间隔不宜超过 21 天，也就是说你在开始学习一个科目之后，15 ~ 20 天内必须安排二轮全面复习。这个时候有可能你在学习刑法，且还没有学完刑法分论，就要开始复习刑法总论的内容。

全面复习跟正常一轮学习之后，每一天复习重点和框架不同：之前的复习我们可以称之为非全面复习，主要作用是为了建立框架；第二轮全面复习则是为了在既有框架上填充具体内容。

我在第一轮学习推演中没有提到真题，是因为我认为最好是在第二轮全面复习时再开始做真题。这可能又跟你看到的很多备考建议不一样。

我的理由有如下几点供大家参考。

第一，第一轮学习如果能够抓住40%～50%的重点内容，就算学得很不错了。因为需要学习的内容太多，都学会也不太可能。就算你练习了一部分真题，如果复习衔接得不好，遗忘还是不可避免。另外，从整个备考期的时间安排来看，很多人拖拖拉拉，到后期还有科目一轮都没学。这个时候已经学过一些内容和完全没学过，这两种情况对自己心态造成的影响是完全不一样的。若完全没有学过，不论内容是什么样，你都会产生一种对未知的恐惧。这种其实完全没有必要的恐惧会让你压力骤增，从而乱了章法。所以，既然第一轮没有办法学会大部分，那不如把一轮的学习动作尽量简化，让这一轮学习更早完成。这样你也可以在比较安心的状态下开始第二轮复习。

第二，实际上，大部分历年真题的考查角度都已经被老师们吸收进讲义了。你在讲义中看到的比如细节、注意、特别提示等标注，很多都是对应了真题中出现过的一个考查角度。另外，讲义中的很多案例也都是由真题改编的。好好地研究讲义中的内容，就可以帮助理解了。与其把希望寄托于练习，不如在学习时就把目光好好地放在课程内容上。口诀、画图、自己的联想等，你要在学习时把所有这些能用上的手段先用上。这样做其实就是在为真题练习做准备了。到时候再将真题做完并与讲义做对照，你才能产生更多思考和灵感。但是，如果你的学习流程是听课、课后练习，做真题变成了一种兜底的法宝，那么反而可能导致你在听课时变得注意力不那么集中。

第三，做真题的作用，一方面是验证理解，另一方面是提取记忆。若你在课后直接做真题，由于这个时候对知识点的记忆度还比较高，反而会给自己造成学得还不错的错觉，起不到验证理解和提取记忆的作用。但等到隔了很久再回来做真题，你发现讲义内容已经被自己忘了很多，真题正确率也不高，会变得有些沮丧。当然，如果你连课都听不明白，理解上还存在很多障碍，也可以在第一轮学习后直接就做题练习。借助真题也许能从另一个角度给自己的理解提供一些启发。

或者大家可以选择一个折中方案：学完一个大的部分再做一整个部分的真题，然后统一看解析，回看讲义。这样可以兼顾练习和完善知识体系的框架。

如果你的学习效果不错，提取的重点也有经常翻看，那你就可以在第二轮复习开始后先做真题；通过做真题检验了自己的学习成果后，再去有针对性地看书或听课。如果你的学习效果不好，也可以考虑先复习知识点，再做真题。

总之，第二轮全面复习肯定要以做真题为核心，去纠正自己理解上的错误；同时再通过做题时对选项的分析，回到讲义和课程做到以点带面，进一步完善第一轮学习记录下来的笔记，完善自己的知识体系。

第一轮学习时，我们对细节知识点的稍微放松有可能使做题正确率稍低一些，但这问题不大。只要是记忆方面的问题就都不算问题，你依然有很多机会去把它们记住。这些错题正好可以转化为你的问题；带着这些问题回到讲义，有针对性地浏览讲义。如果不是不理解知识点，那在二轮复习时最好要少听复习课，而应多看讲义、整理笔记；复习的课程也不必完全听，只挑自己不理解的部分听即可。错题呈现给你的问题，足够你回到讲义去串联知识体系了。

能够完完整整地做好主科的一轮学习和二轮复习，是通过法考的基本保证。一轮学习和二轮复习之间要平衡好时间，一方面需要你提升效率，尽量挤出更多的复习时间，另一方面也需要随时根据实际情况调整进度。一定要以学习效果而非以学过几轮为目标。

如发现在实际的学习中无法按时完成本来制订好的计划，不必放在心上，这是因为你之前的基础学习能力积累不够，或者计划后排不合理，这个时候强行推进进度没有意义。说句实话，对于那些基础学习能力不足或者心血来潮报考且不想投入很多时间的考生来说，并非你一厢情愿地想一次性通过就一定能够一次性通过的。付出应有的努力对大部分人来讲都是必要的。

主科完成错开 15 ～ 20 天的两轮学习后，时间来到六月末或者七月初。以常规考试安排在九月左右进行来算，七月开始就进入到冲刺阶段，此阶段的安排是还未完成的第三轮复习和小科的选择性学习。

如果你的备考进度拖得太慢，到了冲刺阶段只完成部分主科的第一轮学习，部分科目就谈不上完整复习了，那就需要另一种复习思路。某些极端情况，我们不在此处做过多探讨，我会呈现在我每周更新的实时攻略中（大家可在各网络平台上搜索获得）。

四、第三轮复习及冲刺阶段状态推演

第三轮复习是在一个科目的二轮复习完成后马上就要衔接上的，此阶段尽量不占用整块学习时间。三轮复习要在前两轮学习的基础上，进一步深入细节，零敲碎打地做题和翻看笔记、讲义，并做好整理总结的工作；既梳理体系，又保持记忆的新鲜度。

同时，大部分科目的三轮复习会在冲刺阶段与小科的学习同步推进。在此阶段，除了最开始使用的精讲讲义和考生普遍使用的系统强化讲义，老师还会提供背诵版讲义。背诵版讲义在各培训机构中叫法不同，一般会在六月下旬或七月初提供。第三轮的复习，需要结合之前的学习成果和背诵版讲义，进行最终的系统化梳理。

在考前冲刺阶段，考生的状态会与之前有很大不同。各种信息泛滥，到处都弥漫着焦虑的气氛，考生的心态很容易受到影响，也较易作出一些错误的选择。

三轮复习有两条路径：一条是以真题为主，找各种零碎时间继续做题，以题目带动自己整理解析，记录错题笔记，回看讲义；另一条是以笔记为核心，在自己之前学习成果的基础上，进行整体、正向的梳理，查看自己还有哪些内容掌握得不是很好，然后再重点突破。具体的方法我会在后面的内容展开。

三轮复习会持续进行到考试前。这个过程中，你可能会翻看很多遍讲义，也会反复地刷题，但是这些动作都算作三轮复习，因为它们的目的是同一个，即在你的能力范围内把所学知识形成闭环。

还有一种可能的情况：有一部分科目，你在三轮复习中无法充分学习到，那就要根据时间进行取舍。如果所做真题正确率不高，可以多刷题，用量的积累去训练自己做题的感觉并辅助记忆。如果各科的正确率都还可以，对于像民刑这样很早就开始学习的科目，就要把重点放在整理最终的笔记上。很多知识，你可能说不出来，但它们已经被留在你的脑海里了，看到题目能做出来。这个时候就不要在刷题上浪费时间了，而应把更多精力用于梳理体系。

在冲刺阶段应保持清醒的头脑，做正确的事情，不焦虑、心态平和地学到最后，要比你选择了什么资料、做了多少题目更重要一些。

当然，冲刺阶段也有好处，那就是能够激发你的脑力。这段时间的学习效率会明显高于前期。唯一的要求就是要屏蔽无用信息，专注于自己的学习进度，把精力用于研究每一道题、每一个知识点。压力不仅会使你产生焦虑，也会大大影响学习的效率；被打乱的学习节奏又会反过来制造更大的压力，吞噬你的学习时间。

把前期一轮、二轮的学习衔接好，基础打牢，且做真题有一个较好的正确率，能够保证你尽量避免出现焦虑情绪，能够平静地坚持学到进考场前的最后一刻，这也是在变相提升你的学习效率，延长你的有效学习时间。

总之，考前的 1 ~ 2 个月，既是状态的节点，也是信息的节点。我不推荐大家去找什么捷径，今天有人给你一个 50 页的笔记，明天又会有人给你一个 30 页的笔记。你自己可以想想，如果这些内容真那么有用，法考是不是就简单了？学得好的考生，根本不需要这些资料；学得不好的考生，拿到这些资料也不一定学得会、学得完，这才是备考的真相。不管你学了几科、学了几轮，都希望你在最后阶段稳住自己的备考节奏，每天审视自己的计划。从自己的实际情况出发，定下一个备考原则，不断根据进度调整计划。这才是你应该做的。

另外，一般学习进度比较快的考生，在冲刺阶段就可以稍微分出一部分精力来规划主观题备考了。正常来讲，如果客观题考完才开始规划主观题还是会比较吃力。另外，关于客观题与主观题的备考衔接问题，我们后面会展开分析。

第二部分
动机管理与目标管理

第三章　动机管理与目标管理工具

一、只有真正的动机才是通过法考的最大保障

（一）真正的动机是什么样

内在动机是你真正出于对事物本身价值的追求，而主动去做相关努力的内在驱动力。它不源于任何人的鼓励、奖赏、威胁、控制。内在动机能够帮你在面对困难时选择坚持，而不是选择放弃。

通过接触上万名法考考生，了解他们的备考状态，再结合法考每年弃考率接近 20% 这个事实，我发现，很多人没有坚持到最后，学习方法不对或者投入时

间不足是其中一个原因，另外还有一个很重要的原因就是没有特别清晰、强烈的内在动机去驱动，一旦遇到一些困难，很容易就会放弃。通过法考的人不一定是最聪明的人，他们只是动机最强烈、最能坚持的一批人。

真正的动机不是痛苦地坚持，而是以自己为主，孜孜不倦地探索。

一方面，动机源于你本来参加法考的目的，可能是为了圆自己作为一个法律人的梦，可能是为了更好地生活，也可能只是因为你是法律专业，参加工作必须要有这个证书。另一方面，动机还源于你的兴趣。试着回想一些你主动去探索的信息，比如某个明星的八卦，调查一圈之后，你是不是马上就能讲得头头是道？那是因为猎奇是人性中一种深层动机，你带着强烈的猎奇动机，大脑的潜能就能更好地被激发，理解能力、逻辑分析能力在短时间内会得到大幅度提升。

大脑需要不断被激励，才能为你更好地工作，简单说就是大脑需要不断的正反馈。正反馈来自于掌控和沉浸。大脑收获了正反馈，又可以进一步激发动机、强化动机。发掘出自己强烈的动机，你才能真正体验到更好的状态、更高的投入度，从而拥有一个收获满满的备考过程。

（二）让备考过程充满掌控感和沉浸感

掌控代表你可以认清自己，在自己的能力范围内，很好地完成学习任务，把学习节奏调试到让自己可以不断收获正反馈的状态。这是一种思维状态，而不是事实状态，它不以表面的完成度为判断标准，而是以内心对任务进展的掌控感为判断标准。如果你设置一个稍微高一点的目标，同时也通盘考虑了各种因素，那么即便你没有完成任务，自己也知道问题出在哪里，比如是客观原因还是主观原因、应该怎样改进等。如此，即便在计划完成度没有达到预期时，你的内心也不会丧失掌控感，你仍然可以坚持下去。

沉浸代表你是自发、主动地去为学习想办法，为徜徉于知识的海洋感到快乐，这是一种阶段性的痴迷状态。拿听课举例，你可以走路听、开车听、洗澡听、睡前听。总之，你能明显感知自己的投入度在增加，看到的任何事物都能和自己的学习任务产生关联，每天都在想自己怎样才能做得更好。

简单说，掌控就是你心里有数，知道可控；沉浸是不管可不可控，你把所有的努力都投入其中。虽然只是两个词，但其实掌控和沉浸想要都做到，十分困难。每个人的生活都被各种欲望、规则、现实充斥着。大部分人深深地处在自己给自己设的迷局中，或者为了忙而忙，或者无目的的闲。时间久了，人们都觉得眼前的一切是理所当然了，也就放弃了挣扎，把自己死死地框定在了惯性之中。

（1）在掌控与失控之间挣扎，是我们生活和学习的常态

失控是常态，掌控是例外，并不是因为掌控很难做到，而是因为大部分人不甘于只在掌控的状态下学习、生活。很多人嘴上说着掌控，心里却全是侥幸。掌控状态跟舒适区有着本质的区别，舒适区是不知改变或不愿改变，掌控则是根据自己的能力边界而限定改变。处于掌控状态下的人，清晰地认识到自己的局限性，但他们也会主动地在能力界限的边缘小心翼翼地探索，寻求向上突破的可能。哪怕做得不够好，他们也能够接受现实，坚定地继续寻找解决问题的办法。

我们的生活大部分时间其实都处于失控状态，多数普通人一辈子都在失控和

掌控之间循环往复。就好比学习：备考过程中，你会每天无数遍地埋怨自己怎么又玩手机，又晚睡，但是等你学习状态好了几天之后，就又会"好了伤疤忘了疼"，又开始浪费时间，然后进入下一个循环。当你的欲望和能力无法匹配，当你觉得自己可以为所欲为的时候，你大概率就是陷入失控状态里了，认为自己跟别人不一样，不正是我们经常干的事情吗？

每个人都有一个已经基本确定的知识结构和能力边界，不会制订计划是因为你原本就不具备制订计划的能力，不会做笔记也是因为你原来就不具备做笔记的能力。所以，当你完不成自己计划的时候，也许不是计划本身的错，也许单纯是你的能力还不够。

要掌控就要认清自己、认清现实，做自己能做好的事情。把自己擅长的事情做到极致，你的能力边界自然就拓展了。至于收获，我想这是水到渠成的事情。能力的提升向来不是一天的事情，都是一点点积累而成的慢功夫。只可惜大多数人并不相信这些，只相信速成或是一味盲目地认为自己可以。

（2）沉浸就是持续思考

《孙子兵法》里面的《地形篇》，主要讲解了战争中了解地形的重要性。我曾经看过一则记载，开国大将粟裕将军打仗这么厉害，很重要的一个原因，是因为他对战场的地形极为熟悉，了然于心。在战争过程中，他总是没日没夜地在作战室研究地图，一直不停地计算，思考战局，对整个战局有极为深刻的认识，从而做到先胜而后战。

这让我联想起自己在备考法考主观题时，对于第一道论述题从始至终一个字、一道题都没有练习过。但我有信心不必练习就能上考场，也是因为我把论述题都研究透彻了，光是分析论述题写作方法的课程和笔记，我就研究了不下 10 遍。通过对解题方法进行研究，再辅助一些素材的背诵，"战场"的地形深深地刻在我的脑袋里。所以，我不仅有信心，更有能力答好论述题。

沉浸，换个说法可以叫作持续思考，这样可能更好理解一些。灵感绝对不是灵光乍现，而是在你投入足够多的刻意思考之后，大脑自然而然地回馈给你的礼物。

持续思考，一方面能够将以前所有的知识结构联系起来，让你真正地掌握"地图"，对走出迷宫的路线了然于心，另一方面，也只有把心放在当下的学习上，你的注意力才会集中于此。没有注意力当然谈不上思考，更谈不上深入理解。

当你针对某件事情不断地思考，注意力会慢慢进入你所营造的氛围。一旦你当前所做的事情，跟之前做过很多思考的事情产生联系，想法和灵感就会自己跳出来。长期快速联系随手可得的案例，这是非常有益的思维训练方式。一旦大脑形成了习惯，你会在学习和生活中明显感受到自己反应能力、理解能力的增强，这样就达到了调动大脑、提升效率的目的。

（3）怎样做到掌控与沉浸

识局才能破局，不论你是否有生活压力，不论你现在身处何位，人人皆如此。如果你不认为目前参加法考是在打破某种枷锁，或者你压根不觉得你身上存在枷锁，那么你很难找寻到自己真正的动机。失去了动机的驱动，你只会为了考试而考试，为了记忆而记忆，这样学习效果一定大打折扣。

《内在动机》（爱德华·L.德西著）这本书里有一个观点：自主加胜任等于

幸福感。如果将这一观点映射到我们的备考过程，也可以说掌控加沉浸等于幸福感。这里的幸福感就是正反馈。

想要做到掌控，首先就要认清自己并接纳自己，不是每个人经过努力都可以获得好的结果，但如果你不经过一次彻底的努力，又怎能轻易说放弃呢？

希望考生们把本书当成是追寻掌控感的起点。本书中所提及的技巧，也都是在想办法让你投入同样的时间，却能收获更多的掌控感。学习不仅要保证时长，更要有效率。法考全局观可以帮你以全局性的视角俯瞰整个备考进程；制订详尽的学习计划可以帮你规划每一天的学习时间，不断地进行小反思、小总结，日拱一卒地提升学习效率；预习、听课、复习、记笔记、做真题等具体的学习动作都可以帮你在原有的学习能力基础上再精进一点点。

希望你在自己有能力更好地完成学习任务这个过程中，收获信心，收获掌控感。

当然了，如果你很努力仍然无法掌控，那可能是你本来的基础学习能力还不足以应对法考，那你可以选择调低自己的预期，第一年打好基础，第二年继续努力，两年通过法考也很美好。

如果你的决心已定，那么你只需要认识到改变的重要性，去探寻自己做这件事情的动机。明确了动机，才能意志坚定地努力奋斗。

至于沉浸，我们可以用"万事万物皆可联系，而万事万物又皆可不联系"来概括。前一句中的万事万物是所有你能够套用在学习上的工作生活经验，过往的知识结构、经历过的任何事情都可以成为辅助理解的工具，你要持续地思考，如何才能在自己已有的知识结构和未知的知识之间建立起联系。你的持续投入不会被辜负，大脑会用源源不断的灵感回馈你。后一句中的万事万物是所有影响你注意力的杂念，你只需专注于所学内容，一点点去描绘头脑里的知识地图，一笔笔去充实自己的知识体系。那种越来越清晰的掌控感会激发你的兴趣，让你进入"掌控—获得快感—继续沉浸—快感增强—激发动机、强化动机"这个正向的循环。

最后，我再次强调这句话：掌控加沉浸等于正反馈，正反馈可以激发并强化动机。

二、目标管理工具

一个遥远的大目标往往无法对抗漫长学习过程中的艰难，产生持续的驱动力（或者是动机）、掌控和沉浸也不是随便就能做到的。所以，在你发掘了自己动机的情况下，还要将通过法考这个终极目标，拆解为每一天具体、可执行的小的学习动作。通过这些小的学习动作的调整和磨合，不断收获正反馈，提升效率，保持比较好的学习状态。

我把企业 OKR（Objectives & Key Results，目标与关键成果）管理的理念融入法考备考，设计了针对备考的目标管理工具，法考通过就是一个天然的终极目标 O（Objective）。

目标管理工具由一个行为模式清单和一个 Work Plan（计划表）表格组成，这个工具需要伴随着你一直到考试结束。

（一）行为模式清单

行为模式清单是一个记录自己存在哪些需要改进的问题以及如何去解决的清单。需要大家在思路清晰的时候，认真梳理自己的行为模式，发现自己的问题，将自己认为合适的解决方案固定为行动指引并记录下来。

从行为模式清单的整理中，你可能会发现：你每天晚上睡前刷短视频用了多久；你在学习时走神儿主要原因有哪些；哪些行为是阻碍你进步的坏习惯等。这个清单，可以记录在笔记本的第一页，也可以单独打印出来与 Work Plan 表格放在一起。它需要你经常去整理修改，把已经改变的坏习惯删掉，把新发现的问题更新上去。行为模式清单可以从整体的角度，帮助你认清自己的问题，逐渐通过习惯的改变，整理出更多可用于学习的时间。

同时，你在思路清晰的状态下梳理好清单，并确定一下行动指引，当你出现不可预知的状态下滑或者被坏习惯支配的情况时，就可以直接按照既定的清单去调整自己的状态（图 3-1）

行为模式清单示例

日计划清单可以综合以下几个角度去列

一、行为顺序
1. 举例：起床，不要赖床
2. 举例：上厕所不带手机
3. 上班开车或坐车过程中
4. 什么时间做计划及总结
5. 午餐不吃过饱
6. 午睡如何安排
7. 下午补充能量
8. 晚餐少吃
9. 运动安排
10. 手机不进卧室
11. 临睡前安排

二、生理规律维度
1. 找到自己思维活跃的时间段，调整作息
2. 思维活跃时做什么，不活跃时做什么
3. 固定每周的作息安排
4. 如果计划被打乱，怎样把计划外的事情转换为休闲安排
5. 在感觉很疲惫的时候如何安排

三、状态维度
1. 提高完成任务的效率，状态很好时怎么安排
2. 完全没思路时怎么安排
3. 情绪低落时要做什么

四、时间维度
1. 局部视角和整体视角
2. 上午干什么，下午干什么，晚上干什么
3. 某一段碎片时间干什么
4. 起床到出门前干什么
5. 路上干什么，工作中干什么

行为模式清单   Date

1. 早上第一件事要回忆总结，总结完之后再开电脑。
2. 上厕所不带手机。
3. 走路时不带耳机，听歌或音频。
4. 中午饭后不要刷手机，赶紧安排午睡，睡觉不超半小时。
5. 每周要运动至少三次。
6. 尽量不在家学习，一定要走出去。
7. 状态低落的时候，一定要找别人聊聊。
8. 下午三点之后不喝咖啡。
9. 学不进去就大胆地休息，不要硬学。
10. 晚上睡前，手机不带进卧室。
11. 四点之前醒，不要起床，要酝酿酝酿再睡一会。

图 3-1 行为模式清单示例

（二）Work Plan（计划表）

Work Plan（计划表）是结合 OKR 管理设计而成的，目的是帮助考生主动分解任务，并且每天能够根据自己的学习情况，记录下自己的小反思、小总结，尽快磨合出适合自己的学习节奏，让备考过程更有掌控感。

（1）使用 Work Plan 的好处

建议大家能够每周打印一份表格，放在手边，随时记录自己的学习情况。

Work Plan 的好处有三：

第一，每天写计划和总结，能够清晰地知道自己的学习在推进。同时，小的总结反思可以随时提示你调整状态。每周郑重其事地抄写目标的过程，也会非常有仪式感。

第二，我们的时间不可能如预想的那样安排，因此一定会有临时情况发生。你只有提前把一周的思路理清，才能在某一天计划有变的时候更灵活调整。

比如，今天突然有个朋友约你吃饭，那你就得迅速地对计划表上面的内容进行调整，把今天当成休息日，尽情放松即可。然后把本来应安排在今天的学习内容调整到下一个休息日或者按计划表顺延。

第三，每周写两页纸，大概到考完试，能写下几十页纸，这是一个充满成就感的过程。你可以把这些计划表装订起来，如果你通过考试，这些计划表就是你最好的纪念。你将来再拿出来回味的时候，那些奋斗的画面会马上浮现在眼前。这个历程不仅能让你养成为自己制订计划的习惯，也能为你开启下一段征程提供极大的信心（图 3-2）。

Work Plan			
O	我为什么要通过法考？		
	通过后会给我带来什么变化？		
KR	一个月内要完成什么关键结果？		
周P	本周计划(分解KR)		
日L	关键任务日期：		总结：
	非必须完成的任务		总结：
日L	关键任务日期：		总结：
	非必须完成的任务		总结：
日L	关键任务日期：		总结：
	非必须完成的任务		总结：
日L	关键任务日期：		总结：
	非必须完成的任务		总结：
日L	关键任务日期：		总结：
	非必须完成的任务		总结：
日L	关键任务日期：		总结：
	非必须完成的任务		总结：
休息日	如何休息		
周总结			

图 3-2　Work Plan 计划表模板

（2）表格中的 O

表格中的 O 代表目标（Objective），即终极目标是法考通过。在表格中我们把它分解为两个问题：为什么要通过法考？通过法考后会给自己的生活带来什么样的变化？以此来不断提示和强化内心的动机。每周郑重其事地抄写，不断描绘那个美好的前景，不断去确认和强化自己的动机。O 的表达要尽量形象、生动，越有画面感，越能贴近自己的实际感受，就越能激发你的动机。比如，你自己曾在工作、生活中遇到过维权难的情况，那你就可以把通过法考后能够用专业能力帮助自己或更多人维护自身合法权益的情景描绘出来。

（3）表格中的 KR

表格中的 KR 是指关键结果（Key Results）。法考备考的 KR 也比较明确，就是每一科的学习成果。结合前面讲过的二分原则、三轮框架等内容，KR 就是把自己在考试之前能够投入的时间资源分成几大部分，以能够较好掌握各科目为关键结果。比如，第一优先级中有民法、刑法，细分下来，民法的第一轮学习应该持续到什么时间。这个时间就可以作为一个关键结果的时间节点。第一轮学习的时间节点定下来，你就可以结合复习安排的规划，在学习和复习之间合理调配时间资源。

设置 KR 有以下几个关键点。

KR 的设置要略高于自己可以投入的资源，如果一个任务可以很轻松地完成，那么这个 KR 也起不到指引作用。一般来讲，设置了一个 KR，完成 60%～70% 就算是正常的水平。也就是说，如果你预计 20 天学完刑法，可能你真正需要 30 天才能学完。按照 20 天去分解任务的话，可能每一天的计划都超出自己能力一点，但是咬咬牙可以尽量多完成一点儿。鉴于实际情况，绝大部分人制订的计划会偏乐观，过高估计自己的能力。这样会造成自己的投入与 KR 分解后的学习任务错位太多。如果两者之间差距太大的话，需要做的是调整计划而不是赶进度。在备考过程中，必须以学习效果如何而非完成了多少学习任务为量化标准。

根据个人备考时间，民刑的一轮学习要各安排 100 个小时左右。再加上要安排复习的时间，民刑一般如果预留 25～45 天学习一科，能够比较好地保证学习效果。民诉、行政法、商法、刑诉法，一轮学习大概可以设计为短则 7 天，长则 15 天。加上复习时间，大概要预留 12 ~ 20 天学习一科。具体的时间长度需要根据课程的长度、自己的学习效率和掌握情况及时调整，也就是说，主科的一轮学习要尽量拉长到 4 个月左右，这样复习、总结、休息等各方面的安排才能比较游刃有余。

请注意这些预设均是理想状态。在备考周期中，肯定会有很多变数。如此，就需要根据自己的实际情况作出灵活调整。本书不讨论极个别案例，只希望给大家在整体思路上提供一个清晰的指引。具体到如何制订备考计划，请根据自己的时间投入、课程时长以及前面讲的备考全程推演进行合理安排。

KR 并不是一个单纯的时间节点，而是要有一些量化的具体内容，指引你为之投入清晰且具体的努力。比如，一轮学习学到什么程度可以向前推进；如何在一节视频课件的时长之内完成预习、听课、重点提取。

一轮学习每一节课学完，至少要完成以下几个量化目标：本节课在讲什么或者在解决什么问题？本节课的核心概念或者结论是什么？老师特别提示的重点考点有哪些？本节课的标题框架是什么以及在整体一章或一本书中的体系位置是什么？如果没有完成这些量化的目标，是不适合向前推进学习的，就需要再快速地重复学习一下本节内容。

一轮学习的效果是后续所有学习的基础，如果一轮学习草草地完成，那么后面的备考过程中就会感到非常痛苦。

另外，还要对其他的一些学习动作都要达到什么目标作出设定，比如，什么时候开始记笔记？以什么形态记笔记？做真题正确率的目标是多少？做完真题用多久看解析和讲义以及怎样看？这些学习细节我们都会在后续的章节展开。大家可以在阅读完本书后，根据自己的情况定下自己 KR 的量化标准。

设定 KR，主要是可以提供一个大概的节点感。计划并非制订出来就不能改了，而是要根据你的学习动作及时调整。如果你制订的计划不能指导你的行为，那计划就完全没有意义了。如果在执行过程中，你发现实际情况与自己的想象有很大差距，要么就想方设法把本来你认为不能用来学习的时间加入进来，要么就调整计划，把你的 KR 时间加长。

你必须以掌控为原则，制订可以完成的计划，完不成计划就要把计划修改到可以完成为止。如果总是完不成计划，那该计划不仅没有指导意义，还会让你焦虑，反倒降低了效率。当然，我们这里所说的完成，是指你清晰地知道，自己完成 KR 的百分比达到什么程度就可以算作计划完成度还不错；绝非要让你每天都制订一个自己百分百能完成的计划。

所以，设置 KR，不在于它是否能够完美地指导你备考，而是为了再一次从时间的角度审视备考全程，并且为具体拆分周计划和日清单提供一个基础。

对于法考备考，一个 KR 周期一般应该是在 1 个月左右。根据相关的量化标准，可以将 KR 具体地切分至 4 周，然后再将周计划分解为日清单。这样就以终为始地拆解了目标，再通过提升学习效率，完成大部分的日清单，进而水到渠成地完成周计划、KR 和 O。

（4）表格中的 P 和 L

计划必须写出来才能更有效，光靠脑袋想作用是很有限的。你觉得你能安排好，但一旦打乱计划的事情出现，如果没有提前准备好的预案或者习惯，你一定安排不好。所以，将计划细分为周计划和日清单是很有必要的。

表格中的周计划 P（Plan），要根据自己的学习习惯和 KR 要求的量化标准，给自己安排具体的学习任务，列出 12345。比如：本周内学习到什么进度、安排哪些内容的复习、需要做多少道题目、笔记整理到哪里等，对于这些都要有一个合理的预估。

表格中的日清单 L（List），就是你对周计划的分解，将本周的学习目标分解为具体的学习动作，比如做什么，用什么方法、什么工具去做等。我们前面提到要提前把一周每一天的清单内容都写出来，这样你才能灵活分配时间。另外，要根据本书后面讲的具体技巧去做正确的努力。

每一天的任务要有一个区分，关键任务必须只设计一到两项任务，这个任务前期主要是你的一轮学习进度的推进。比如，每天学多少页书或者安排几个小时的整块时间学习。对于关键任务，可以设置为比自己可投入时间略低或持平。如果没有完成关键任务，不要去做其他学习。

非必须完成的任务，可以根据自己当时的学习状态，设置为复习、总结、做题等学习任务，也可以设置为正常学习进度的任务。这样，可以在任务上灵活调整自己的计划完成度。如果某一天你只完成了关键任务的八成，那距离你本来设置的关键任务差得也不太多，你的负罪感会小很多。而如果你超额完成了任务，将非必须完成的任务也完成了一部分，就会有一种赚到了的感觉。

这样对每天的学习任务有一个区分，本来你的心里可能装着很多事情，想完成很多学习任务。但是当你把关键任务清晰地分出来，你从起床、洗漱就可以开始琢磨怎么能更好地完成这个关键任务。当你完不成计划时，你可以及时地在计划表上作出灵活修改。这样大脑就会根据你重新作出的修改，去判定今天的计划完成度。让大脑接收正面的信息刺激，是我们欺骗大脑非常重要的一步。后面我会详细讲到。

每一天完成了学习任务之后还要进行一个小的总结反思。你可以在当天学习任务完成后利用最后一点时间做总结，但一般学到最后都非常疲惫，可能头脑不太清晰。如果当天已经学得很累了，也可以在第二天学习开始前去做这个小总结。大概用 5 ～ 10 分钟，就只是针对这一天之内的所有事情进行反思，有哪个地方做得不好，需要改进一下，哪个地方做得比较好，需要固定下来，发扬光大。不奢望一下改变多少，就是这样一点点地改进，可以让你更轻松地找到适合自己的学习节奏。

（5）表格中的休息日和周总结

休息是在你长时间高效用脑的情况下必须安排的，这是保持状态的关键。我在后面会有一章详细讲解怎样高效休息。总的原则就是要在专注学习一段时间后，安排一天完全放松地休息。这样的休息可以把你从脑疲劳中解脱出来，也可以把学习时的专注思维，转换为发散思维，带给你意想不到的灵感。比如，可以安排诸如美食、运动、会友、整理家务等可以让你非常放松精神的活动；不要安排打游戏、看电影等依然需要精神集中的活动，因为这些活动只是让你从一种专注模式进入了另一种专注模式，实际上并没有让大脑得到休息。

如果你的休息安排得比较好，就会在第二天收获奇效，第二天的学习效率会大幅度提高。人是不能让自己一直紧绷着弦儿的，不管你背负了多大的使命，有多么强烈的动机，也不能一上来就拼全力。一鼓作气、再而衰、三而竭的道理我们在初中就学过。如果一直透支自己的状态，学到后期很容易进入倦怠期。一旦进入倦怠期就可能需要花费更大的时间成本和更多的精力才能调整回来。前期的劳逸结合和培养兴趣是学习的主旋律，学出兴趣、学出信心才能让你比较有掌控感地度过整个备考期。

如果你每天都做一些小反思、小总结，那么在进行周总结时，就可以把这一周的学习进度放在备考全程这个整体视角再审视一下。你可以记录自己的思考，根据本周的总结规划下一周的计划怎样调整，同时制订出下一周的计划。这样你这一周的高效学习就可以告一段落了。

第三部分
学习的原理

第四章　惯性与大脑

从本章开始，我要为考生们展开学习原理部分的内容。这些原理你不一定马上就能理解，可以先通读一下，留一个印象。所有的具体技巧都是建立在对原理深刻把握的基础上。希望考生们能够在学习过程中，在精进技巧的同时，不断地回归原理，真正掌握了原理，才算是掌握了提升学习能力之门的钥匙。

一、学习最大的敌人是惯性

很多人说学习最大的敌人是懒惰，也有人说学习最大的敌人是遗忘，我认为学习最大的敌人是惯性。我所谓的惯性，有很多层面的意思，你可以把它理解为诸如懒惰这样的坏习惯，可以把它理解为逃避困难的心理舒适区，也可以把它理解为身处某种状态而不知改变或者你自己认为理所当然的固有性格等。

惯性主要代表的是思维状态，对应的是不知改变或不做改变。这些特征其实都跟人类的大脑最原始的本能有关。人脑是在漫长的进化过程中逐渐强大起来的，最原始的本能都与生存有关。为了生存，人类必须把大脑主要的能量和功能，用于支配出于本能的战斗、逃跑等行为，而少有机会思考。所以，人脑负责思考和认知的功能就比生物本能的部分弱化很多，大脑这样的特点表现在我们能感知到的层面就是人们懒得思考，或者说经常做出看起来不理性的行为。

这个特征导致我们在做一件事情的时候理所当然地以自己最熟悉、最省力的方式开始。即便有些人会有意识地在学习之前做一些功课，但是大部分人还是会在学习的过程中，经受不住考验，慢慢地回归到自己最舒服的方式。这个过程如果得不到修正，结果就是学习效率越来越低，你可能会进入一个效率越低越焦虑、越焦虑效率越低的恶性循环。

很多人开始学习，往往是以前怎么学，现在就怎么学；别人怎么学，自己就模仿着怎么学。每次学习基本都是重复的模式，而不是这一次的学习比上一次更有进步、更有效率。虽然有些人也能学到知识、通过考试，但是即便通过了，你的学习能力也并没有得到改变或是提高。在下一次学习或者工作中仍然摆脱不了艰难的处境。我们只有在学习的过程中不断优化自己的学习方法，不断以之前的学习成果为基础，才能真正感受到自身学习能力的提升。

即便是学习能力比较强的人，也不可避免地会在学习过程中陷入惯性；只不过学习能力比较强的人，复盘能力也强，打破惯性的能力也强一些。所以，我们在学习过程中要做的最重要的事情，是不断打破惯性。

二、先对抗本能，再认识大脑

大脑是我们做出各种行为的指挥中心。我们的行为是在大脑接收信息后，经过处理、选择，最终支配身体做出来的。只是有的行为是大脑出于本能或经过无数次演练后形成了自动调用的处理模式，有的行为需要经过一定的思考过程才能做出。

虽然很多理论把大脑内部分成了几个部分。比如：丹尼尔·卡尼曼在《思考，快与慢》中把大脑分成了系统一和系统二；特奥·康普诺利在《慢思考》中把大脑分为反射脑、思考脑、存储脑等。但其实我更愿意把大脑和身体一分为二地去看待。对于大部分普通人来讲，我们的生活就是被大脑更偏向于生物本能的功能控制的，也就是说，大部分普通人其实无法做出比较完善的理性思考，进而很多时候无法做出正确的行为。

我认为，作为普通人，首先要做的不是认识大脑，而是要与自己的大脑对立起来，想办法尽量地对抗本能。我们的理性会在对抗中不断强大，直到强大到我们需要并可以重新认识大脑。等到那个时候，再从强化理性的角度进一步优化自己，你也许能做得更好。

既然要对抗本能，那我们就要先以批判的态度去看待大脑。大脑比较像一个有"公主病"的小公主。自我评价过高、娇气柔弱、意志力和耐受力差、趋利避害、追求享乐，这些是百度百科上对"公主病"的描述。我觉得，这些描述很符合大脑的真实状态。我们的很多行为都能从大脑的这些特质中找到根据。"奸懒馋滑"这四个字送给大多数人的大脑可能再贴切不过了，用专业的名词表述就是最省力原则；也就是说，如果没有控制，大脑会遵循本能，在每一个选择上都避重就轻。

大脑这个"小公主"总是在状态好的时候认为自己无所不能，作出不切实际的计划；在面对困难时，又因为怕累而出现拖延；在简单和困难之间作选择时，它往往会选择简单的事情；绝大部分所谓的自律、目标，根本对抗不了玩一局游戏或者刷刷抖音的诱惑；稀里糊涂地浪费了大量时间后，它又会生气、自责甚至焦虑到自暴自弃。如果以上症状很符合你的日常状态，你可能就需要先对抗自己的本能，把自己拉到正确的轨道上。如果你没有这些症状，那么恭喜你，你可以进入强化理性的阶段了。

三、调教大脑

能量是人生存的根本，也是我们保持头脑清醒进而作出正确判断的基础。大脑作选择时，能量是非常重要的影响因素。为了维持基础的生存和认知，大脑本身就是全身最消耗能量的器官。它以身体 2% 的重量消耗着全身 20% 的能量，而这 20% 中又有 60% 甚至更多的能量是被大脑的预设网络直接占据。就像电脑的主机一样，开机后什么也没做就占去一部分内存。由此可以想见，我们能用于思考的能量还有多少？不过也有好消息，人脑跟电脑差不多，在耗去基础能量的基础上，再稍微多耗费一点儿能量就能处理很多信息。

基于大脑的运行机制，我们就需要一方面保证大脑有足够的能量供给，另一方面也要想办法提升能量的利用效率，让有限的能量发挥最大的价值。本章我们先从整体思路上谈一下如何提升效率，后面的章节再进行具体展开。

首先从正面驱动的角度，对抗大脑"奸懒馋滑"的本能，就需要不断地通过各种方式提示自己，去打破大脑因为本能陷入的惯性。形象点儿说就是，你要不断拿小皮鞭抽它，驱使它去主动思考。比如，听课的时候要聚精会神地记录，联系自己的知识结构，把自己的理解尽可能多地标注下来；课后要将这些记录转化为自己的话语，整合梳理成对本节课的初步认知并记录下来；之后的复习要去完善自己的知识体系。让它动，让它累。大脑动了、累了之后会有很多思考后的产物，这些才是属于你自己的理解。你还得赶紧把它们记下来，不记下来就又忘记了。认知升级就是这样一个痛苦的过程，想要真正进步，就必须承受这样的痛苦。你学得很累却不一定能学到知识，但是你如果学得不累，基本可以肯定学不到知识。

大脑越用越灵光，其实并非因为它想努力、想勤奋，而是因为它从我们有意无意的行为中获得了正向的奖励。大脑从努力中获得成就感和愉悦感，就会主动去追求这种感觉。但我们不是电脑程序，不可能每次都在合适的时机给大脑创造正反馈。所以，我们就需要一些工具来持续给它奖励，比如人生价值、远景目标、清晰的计划表、不得不完成的任务，这些都可以作为我们制造正反馈的工具。

大脑还有一个非常显著的特征就是很好骗：你只需要让它判定，现在在做的事情是关乎生存、特别重要的，它就会调动你想象不到的潜能去完成任务。想想考试前的通宵背书、截止日期前的拼命赶工，即便你之前一直被本能控制，到了重要关头，你也总能拿出一个还不算差的结果出来。刻意地持续投入思考，可以让大脑判定你面对的事情很重要，从而在你不去想的时候，大脑依然可以在后台拼命加班。长期、刻意地把负面的情绪或信号，转化为正向的激励，我们的大脑也会驱使情绪逐渐变得不那么容易焦虑。

总之，从自律的角度理性驱动大脑一直活动；顺应大脑的特性，用正反馈奖励大脑的努力；甚至是刻意投入，欺骗大脑，让它朝着我们希望的方向用力。这些都是我们避免让大脑陷入惯性的具体操作，也是我们改造大脑结构需要付出的努力。

作为一个普通人，陷入平庸是大脑本能的追求，只有理性告诉我们，我们应该让自己变得更好。虽然大部分情况我们无法与潜意识中那些本能反应对抗，很多时候对自己哀其不幸，又怒其不争。但是我们想要进步还是必须依靠理性，通过点点滴滴的努力扩大理性的影响范围。希望通过备考这几个月的感知、体会，大家能够更加真切地认识自己的大脑，认识自己的动力。哪怕是没能通过考试，认识大脑、认识自己也会给你未来的发展提供更清晰的方向。

第五章　怎样集中注意力

在这个注意力容易缺失的时代，大家可以想想自己的注意力都在被什么事情牵扯着？有的人可能是人际关系，有的人可能是家庭琐事，有的人因为工作任务，有的人因为孩子的教育问题，还有的人可能就是单纯地想随时"刷"手机。

注意力是一切学习的基础。真正投入注意力的学习时间，才算是有效的学习时间。如果你一边用手机回复信息，一边让视频课程向前播放，那这段内容就不会完全进入你的大脑。注意力是信息在大脑进行感觉登记的前提，如果都不能形成感觉登记，那就更谈不上理解和记忆了，我们后面在讲记忆的章节里会展开解释。

现在的生活节奏如此之快、信息摄入量如此之大，我们每一个人都处于信息超载的状态。各种有用无用的信息把大脑塞得趋于饱和。吃饭时一手拿着手机看，一手拿着筷子夹菜，成了很多人的常态。《礼记·大学》中的"心不在焉，视而不见，听而不闻，食而不知其味"说的正是一心多用的坏处。大家也许已经习惯了一心多用，在睁眼睛的时间段，总想尽可能多地吸收信息，很怕自己错过了什么。但仔细想想，我们每天怕自己错过的那些信息，对我们的成长又有多大的助益呢？

每个人的生活都不容易，都可能面对一堆糟心事，影响你注意力的事情无处不在。希望本章内容能够起到一个抛砖引玉的作用，提示大家注意力的重要性，并且通过一些具体方法的分享，给大家一些启发。

一、不太成功的小黑屋学习群

之前为了能让考生充分理解注意力的重要性，我组织了一个学习群叫作小黑屋，这是一个以不讨论为原则的交流群。

有经验的考生可能知道，但凡备考交流群，讨论知识点时基本很少有人发言，但是一聊闲篇儿、聊八卦，群里的气氛马上就会热闹起来。如果只是闲扯，伤害也还不算大，你可以通过设置免打扰减少注意力的分散。但往往这些无效信息中又可能夹杂着某一条对你有用的信息，这使你不敢不关注；如此一来，这一下那一下的，注意力就散了。到了备考中后期，各种备考群更是弥漫着焦虑的气氛。只要有几个学得好的带节奏，你就会很焦虑，甚至可能会认为所有人都比你学得好，从而丧失信心。

良莠不齐的各种备考交流群对学习能力强的人伤害极小，真正伤害的是那些学得不好、对考试认知还比较少的考生。我曾经看到学习群中，一个前一天还自称什么也不懂的备考"小白"，第二天就开始言之凿凿地给新进群的考生提供备考建议了。这其实是很"魔幻"的事情，但是对于两眼一抹黑的考生来讲，病急乱投医，任何一个信息都会影响他的判断；若没有对信息的甄别和筛选能力，越学越乱就是大概率事件了。

当然并不是说，组织交流群的人就有什么坏心眼儿，也不是说备考交流群就完全没用。只是大部分组织交流群的人，都会出于一些简单的动机，或者为了流量，又或者为了给自己找学伴，是做不到良性运营的，绝大部分的所谓备考交流群是弊大于利的。大家可以掌握一个大原则，即人太多的群别进，几个人或者十几个人的小群可以进。

我组织的群也不太成功，因为一些碎片化的分享内容根本就没有办法给考生提供一个清晰的指引。再说，每一个人都有自己的想法，都认为自己对考试的认知、对学习的认知是对的，很难通过几次分享就给他人带来多大的改变。

我深刻理解以上的道理，所以，我的小小努力最终还是没有办法跟大的趋势和考生们的普遍认知对抗。于是，我就把所有群都解散了。这是一次失败的尝试，但我看到的各种乱象，也更加坚定了我的信念和斗志。希望通过不断探索更好的方式，能帮助更多的人，让他们以正确的方法和理念学习进而力争通过法考，同时还能真正体会学习的乐趣，建立完善的学习体系，成为一个终身学习者。

二、注意力无法集中的原因及解决办法

我们主要从两个角度来谈怎样集中注意力：一个角度是注意力无法集中的原

因；另一个角度是解决的办法。影响注意力的因素太多，无法一一列举，本书只能列举几个典型问题，其他的还需要大家自己进一步探索。

（一）状态急救

每个人的情况不一样，在工作、生活中遇到各种烦心事，这都是很正常的；有的人也会因为精力不够、状态疲惫导致注意力无法集中。状态急救就是要提示大家养成一个习惯，一旦出现身体状态或心理状态非常差的情况，你要做的一定不是勉强支撑着去学，而是要改变自己的状态，用最快速度恢复正常，直到可以再次集中注意力学习。

相信大家都有这样的体会，疲惫、生病、烦躁等让你无法感受到正能量的因素都会影响你的注意力。状态是学习效率的保障，如果你因为不在状态，学不进去，就会变得烦躁，如此就会陷入一个恶性循环。要把状态调整回来就需要付出更多的努力，那样耽误的时间就更多了。

适合自己的调节方式，需要大家根据自己的习惯和兴趣主动去选择。

比如从心理状态的角度：如果你处于焦虑的状态下，建议你可以尽快地和自己信任的亲友去沟通，主动去倾诉，或者借助日记，把烦心事儿写出来，把这个事情从大脑中过滤掉。

运动、聚会、美食、唱歌、泡澡等也是可以选择的方式，你可以从自己过去的体验中去搜寻那些曾经让你很快就恢复状态的方式，然后把这些方式记录下来并固定为自己状态急救时的操作。通过用对自己最有效的方式搭建一个响应机制，一旦遇到状态明显下滑，无法集中注意力学习的情况，就用这个机制尽快把自己从浑浑噩噩中解救出来。

（二）克制欲望，以修行的心态备考

我总在讲，法考的内容如此之多，大部分人是不太可能轻松通过的，尤其是在职考生，一定是需要在大概半年的时间里，投入大部分休息时间去努力学习才可以。在我们周围，大部分人想通过法考除了踏踏实实地努力，好像别无他法。我有一个朋友，就是依靠死记硬背，每天踏踏实实地从晚上八点学到十一点，连续学了两年，就这样通过了这项很多人都认为很难的考试。人们总想要一个所谓的捷径，但是往往捷径会让你付出更大的代价。所以，从自己的实际情况出发，以自己为主，不被各种欲望裹挟，踏踏实实地努力，这样的笨方法往往是到达彼岸的最佳途径。减少无谓的社交，享受半年的孤独，为自己的心性、为自己未来的发展都打下一个坚实的基础。这也正是本书在反复强调的核心理念：法考，不仅是通过。

《活着》那首歌里唱得很好："慌慌张张，匆匆忙忙，为何生活总是这样……不卑不亢，不慌不忙，也许生活应该这样"。如果你每天都匆匆忙忙，那就利用这半年时间，好好地暂停一下。这一波机会抓不住，总有下一波机会适合你。不慌不忙、不卑不亢才是我们在生活中应该有的样子。

对于考生而言，这半年的备考过程其实是一个很好的机会，可以让自己放慢节奏，"两点一线"，做出一次彻底的努力。在职，你就工作、学习；在校，你就上课、学习。没有做出一定的牺牲，不可能获得真正的收获。你只有屏蔽外界的各种刺激，才能让本来已经处于饱和状态的大脑，腾出一些空间去做更有意义的思考，你才能真正掌控自己的学习和生活。

（三）远离手机

每个人对手机的使用情况不一样，有的人是经常玩手机，会被浏览过的内容一直影响着思绪，学一小会儿就会走神儿。有的人则是大块时间内能保持专注，但是一旦玩上了手机，也还是会不知不觉地浪费不少时间。

根据 B 站的一位 UP 主"老师好我叫何同学"所做的调研问卷反馈显示，被调查者每天平均使用手机时长是 8 小时 4 分钟。这是一个多么可怕的数字啊！时间就这样一点点在手机上溜走了。大家也可以想一下自己每天花在手机上的时间，有多少是真正必要的？是不是也有 8 小时？

手机和手机里面的 APP 其实就是从抢夺大家时间的角度去设计的，也就是在争夺大家的注意力。日活量和使用时长是衡量一款 APP 商业价值的重要标准。所以各种 APP 的开发者和运营者想尽办法让你每天都打开应用并且能在里面停留更长时间。

为什么你在刷短视频时会没完没了、一个接一个地刷？为什么刷微博时本来只想看看某个热搜，结果却划到下面的热点推荐，一个又一个地看下去？其实做出这些行为不能全怪你没有自制力，APP 的设计本来就是要尽可能地直达你的潜意识，让你无意识地在里面停留更长时间。

所以最简单、直接的远离手机的方法，就是卸载所有非必需的 APP，我认为除了工作上必须用到的社交软件，其他都可以删除。哪些 APP 长时间占据你的注意力，你就要卸载它们。如果你实在有部分 APP 不想卸载，那就把你认为会影响学习注意力的应用，藏在手机的最后一屏、最远的角落或是某一个不显眼的文件夹里，这样可以适当地减少使用。

但即便是这样，你依然会发现一个令自己比较绝望的事实——远离手机几乎是一件不可能的事情。所以，卸载、取消关注、退群，只能治标却不能治本。那么想要真正减少手机对自己的影响，就要找到一个比刷手机更能让你获得满足感的事情。学习中的正反馈，就是那个代替手机的方案。

手机里的各种APP已经把我们短到几秒、长到几小时的时间都抢占了，把我们的时间切割成许多细小的碎片。大脑被手机里各种各样的信息填充到处于饱和状态，这让很多人慢慢丧失了深度思考的能力。很多人向我反馈，他们连我发的二三百字的备考建议都嫌长。如果二三百字的内容，你都没有耐性去思考一下，你怎么能有能力和信心去应对那些多达几百万字的学习资料呢？

备考的学习任务天然地给我们提供了这样一个爱上学习的机会。对比别人面对备考时的一片哀嚎，你会不断地收获信心和兴趣，进而从学习中收获精神世界的满足，最终主动地远离手机，卸载各种无用的APP。

如果让我表达远离手机的感觉，那就是两个字：平静。心态平和、不焦不躁地应对生活中的每一个问题，用更多的精力去感知世界的美好。希望大家都能主动摆脱手机对自己的控制，多抢回来一点儿用于思考的时间。

其实，影响我们注意力的又岂止手机啊。各种各样的信息都在牵扯着我们的注意力。如果能够通过抢回很多的注意力获得更多其他美好的体验，我想学习对你来说不会是负担反而是享受，你的心态也会因此改变，你的生活也会因此变得美好。所谓的正念、知行合一等这些指导我们工作、学习、生活的理论，无不是在强调你的心要放在当下正在做的事情上。真理就是这么简单，从来没有变过。

第六章　怎样理解抽象概念

法学是一个概念体系，其中有很多不符合我们常规语言习惯或者完全超出我们认知的专业术语，是我们学习最大的障碍。如果对这些概念的层次能够有一个很好的把握，那对于我们理解具体的考点模块会很有助益。所以，理解抽象概念的能力对于我们的学习非常重要。

一、抽象概念本身就是一个抽象概念

抽象概念这个词本身就是一个抽象概念，在展开怎样理解具体的抽象概念之前要先理解：什么是抽象？什么是概念？

抽象可以拆解为抽和象：抽是动词，是拿出来、提取出来的意思；象是名词，是意象、特征以及一些具体的事物身上的标签。比如，人是什么？你可以想到很多标签，两条腿直立行走、有思想、有想象力、会语言等。如果你看见一匹马，通过它是四条腿行走这个特征判断，就不会把它归为人类。

抽象就是把同一类事物共有的一些特性、特征提取出来，作为一类事物的普遍特征表现出来。一般化后的意象都不是我们所见即所得的，所以在理解上就会有一定的障碍。

我们再从概念产生的过程来理解概念是什么。概念产生的过程是把要定义的事物的所有特征都陈述一遍，然后将这些特征与要区别的事物进行对比，抽象出同类事物共同的特征，再用语言对这些特征进行概括，并对概括后得到的这一段内容进行命名。从这个角度来讲，抽象是概念产生的其中一个步骤（图 6-1）。

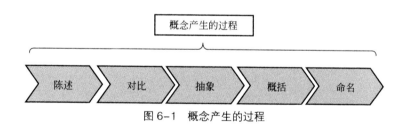

图 6-1 概念产生的过程

如果你对概念产生之前，陈述的所有标签特征以及不同事物特征的对比和抽象的过程没有认知，就很难理解经过概括后命名的这个名词。理解一个抽象概念，要探究概念产生的过程，通过分解步骤，找出自己对哪部分内容产生了理解困难。我们理解概念不能只看概念本身，更要看概念背后的内容。包括：到底是概括了哪些特性；代表了哪些具体的事物；精练的表达包含了多少层次等。这样你才能在看到概念的时候，准确地知道其真实含义，并以此为基础，理解由概念衍生出的具体知识点。

二、怎样理解具体的抽象概念

理解抽象概念，需要将概念中的每一个词背后蕴含的理解角度以及它所代表的共同特性理解清楚，如此才可以很好地把握一个概念；再通过在学习中不断将相互联系的概念进行对比、连接；进一步做到从整体到细节多个角度、全方位掌握一个概念。

理解是一个不断升华的过程。由于我们受知识结构所限，理解不可能一蹴而就，需要逐级提升理解的层次。通过阅读讲义，你也会发现，对于很多核心概念，老师会把其中的每一个词都进行详细解释。

这就是理解具体抽象概念的第一步：拆解。

一个学科的概念体系，相当于把这个学科想要解决的问题，进行了极限压缩整合，像制作压缩饼干一样做了认知折叠。从折叠到最精简程度的概念，再一点点发散出以学科语言为表现形式的具体原则、规则、解决办法等。可以这样说，概念是我们从该学科的外行人到内行人的界碑。将概念理解清楚，以概念衍生出的知识点去解决专业问题，是我们成为内行人的第一步。

如果你看过《奇葩说》，看到过辩手们拆解辩题的过程，就能很好地体会拆解概念的过程。每一个词甚至每一个标点符号都有其意义，都可以作出解读。比如《中华人民共和国刑法》第一百一十四条规定："放火、决水、爆炸以及投放毒害性、放射性、传染病病原体等物质或者以其他危险方法危害公共安全，尚未造成严重后果的，处三年以上十年以下有期徒刑"。这个法条中的"其他危险方法"应理解为与前面列举的几种"方法"具有相当性，因为"或者"在这里表示等同关系。如果你理解了这个层次，不管题目怎么出，你都可以抓住问题的本质。

将概念拆解完后，就要对其中的每一个细节作出理解。老师们的视频课件，就是对讲义上列出的概念有侧重点地进行讲解。大家就需要结合老师的讲解，把概念中的细节都关注到，并且对每一个细节作出自己的初步理解。

理解具体抽象概念的第二步：抽象具象化。把概念里的细节、特征都拆解出来后，具象到自己认知范围内的具体事物。你可以把这些特征类比成任何你熟悉的事物、情景。比如，你不知道民事主体中的法人具体分多少种，那你就先把它类比为公司或者你所在的单位。有一个初步的理解基础，再看到其他类型的法人时，也能作出更多的判断。

当然，如果这个具象化的过程，能伴随你主动去书上寻找对应的内容和有针对性地去搜索，你获得的理解肯定是更加全面的。具象化概念是为了完成初步的认知，尽可能地多角度理解，才是我们真正追求的。这个过程需要自己有意识地进行长期积累，才能养成主动寻找答案的习惯。

当我们穷尽了自己的理解力，完成了拆解和具象化理解之后，理解具体的抽象概念的第三步要做的是整合，将你能想到的所有理解角度整合在一起，得到属于自己的理解。你的理解依然不一定对，但重要的是，你要有这样的思考过程。整合的过程是要把由概念发散出来的具体知识点都过一遍，然后把自己的思考过程记录下来。

比如法理学部分的内容，法律是什么？其实，法律的特征、法律的作用、法律的意义、法律的本质、法律的渊源等，都是在从不同角度诠释法律是什么。而讲义上并没有给出一个明确的法律的概念。

我们以马克思主义法学的本质为例，演示大概如何整合法律这一概念。马克思主义法学的本质有三点，即正式性、阶级性、物质制约性。通过学习这三个特性的细化解释，我们可以按照自己的逻辑，将法律的概念大概整合成：法律是通过正式的权威机关、正式的程序、正式的形式公布的，以国家强制力为保障，维护统治阶级利益，并受社会生产力发展条件制约的社会规范。这个整合既是对马克思主义法学本质的展开，也是对讲义中具体解释这三个特性的内容的浓缩（图6-2）。

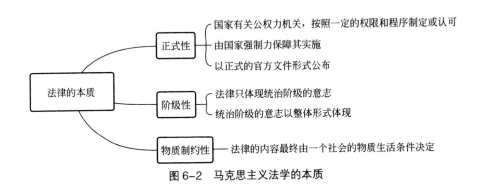

图6-2　马克思主义法学的本质

学习法律的作用、法律的特征等内容时，用同样的操作，也会得到多角度的理解。学习到民刑等具体部门法时，同一个问题你可能又会有新的理解。不同的角度、所有的理解，最后汇聚成你头脑里的法律的概念。

这样的方式适用于讲义上所有你不太理解的名词，哪怕讲义上没有给出某个名词的概念，你也可以把对它的解释整合为一句类似概念的话。哪怕不全面，这也是一次对你而言非常有意义的思考。把关键信息都能够按照自己的逻辑整合成一句话，你才会真正理解为什么法律的本质是提取正式性、阶级性、物质制约性这几个关键词。同样地，看到一个现成的概念，你也可以通过将其拆解为几个具体的关键词，并记忆每个关键词背后的几层含义，来真正理解并记住这个概念。

想要作出全面深刻的理解，就要求大家要不断地应用自己学到的知识去思考问题，解决问题，将更多的知识点真正内化为自己的能力。你需要通过做题和分析案例，以及理解后面的知识去验证和修正理解。在对一个概念原有理解的基础上，再去理解其他概念，才能一点点地让这个概念体系越来越稳固。

总之，深刻理解概念是我们学好法学最重要的基本功之一。这是一个不断向上攀登的过程。不断以之前的理解作为基础，你才能越来越快地理解后面的概念，也就能越来越有信心。

第七章　怎样训练逻辑思维

逻辑思维是学习法学最需要的基础思维，很多人都听过美国著名的大法官霍姆斯的一句名言：法律的生命在于经验，而不在于逻辑。但这句话还有后半句：经验是由逻辑构造的。在这里，我们不去细究这句话的背景以及想表达的真正含义，我只想强调一下逻辑的重要性。如果有人说法律的生命在于经验，那么在我看来，法考的生命就在于逻辑，因为考试的题目主要是针对知识点的理解而出的，它的出发点主要是法律规定。一个一个被转化而来的案例分析题目，也是只需要考生就题干信息结合自己掌握的知识点作出分析。所以说，如果你的逻辑思维能力比较强，对于掌握讲义上的内容和分析法考题目就会有很大帮助。

一、训练逻辑思维的好处

很多人其实并不很清楚逻辑思维是什么以及应该如何训练自己的逻辑思维。其实，逻辑思维的训练和提升就蕴含在我们看的每一页书、记录的每一页笔记、做的每一道题目之中。我们通过多次按部就班的思考，去明晰法律分析的思路，去训练自己的逻辑思维，这是很多考生从备考开始到最后都没有真正认真体会和训练的。而如果你从一开始就有清晰的思路去训练自己的逻辑思维，那到了考试，你的积累就会明显比其他考生更为深厚。训练逻辑思维的第一个好处正体现于此。

训练逻辑思维的第二个好处，即讲义都是按照一定的体系和逻辑展开的。如果你的逻辑思维能力强，就能很容易地拆解讲义的内容，通过对讲义多层级标题体系的把握，把一本看似很厚的讲义融会贯通。自上而下地把一本讲义拆解成最小的章节体系，然后再自下而上进行联系和融合，回到整体的知识架构，最终达到加深理解的目的。

当你掌握了拆解讲义的逻辑思维，你会发现每一个学科的知识体系都变得清晰了。比如说，不管是整本书，还是某一个模块，基本都是先讲通用的一般原理，之后再讲具体的规定。刑法包括刑法总论和刑法分论：总论讲刑法的概念、定罪的原理、刑罚的原理等；分论展开讲每一个具体的罪名。具体到某一个模块，其内部也有自己的体系，比如犯罪构成体系、客观要件、主观要件等。

训练逻辑思维的第三个好处是，做题时，尤其是案例分析题，你可以有一个清晰的解题思路，直接把核心信息快速提取出来，忽略无效信息，定位考查点。解题过程中对于切入点的确定尤为重要。比如刑法案例，分析一个具体的罪名，其实就是把刑法总论中从犯罪构成到犯罪形态、共同犯罪、罪数论、刑罚论等内容，一个要件一个要件地审查过去。而能够毫不迟疑地调用这样一个清晰的思路去分析，是一定要经过多次按部就班的思考去训练的。

通过持续不断且富有逻辑的拆解概念、拆解讲义、拆解题目等的训练，自然会形成诸如阅读快、理解快、思路清晰这些学习能力变强的外在表现。

二、认识逻辑思维

逻辑是思维的规律、顺序；思维是思想活动，是大脑对外在信号刺激的反应过程。大脑作出反应的结果就是支配人做出行为。逻辑思维是大脑多种思维方式中的一种，是支配我们做出有逻辑的行为、说出有逻辑的话语的思维方式。逻辑思维是指，你遇到一个问题，需要通过分析和推理作出自己判断的时候，遵循一定规则的思考方式。所以，我们看逻辑学最核心的几个基本概念，就包含在逻辑思维的概念里，我们理解了什么是概念、什么是分析、什么是判断、什么是推理，也基本就知道了怎样训练自己的逻辑思维能力。

研究逻辑思维要和直觉思维对照研究。比如，生活中夫妻吵架的一个常见场面如下。一个人说：你从来不收拾屋子，总是如何如何。这个“从来”就是一个典型的逻辑谬误，是不过脑地发泄愤怒，因为这里的“从来”“总是”并没有经过具体的计算。你到底做了多少次、没做多少次、具体情况如何其实并没有经过理性分析，这样的词语只是表达情绪的工具。而对方听到这话也会发火，于是稀里糊涂地吵起来了。直觉思维就是所谓的“不过脑子”，就是不用经过大脑的慎重思考、推理，就支配人作出行为的一种思维方式。

上面举的是一个反例。直觉思维的正面意义是，我们学习的过程是把知识内化为能力的过程，在大脑支配行为这个层面达到可以自动调用知识，凭直觉就可以判断的程度。这与我们现在对乘法表的感觉和一年级小学生对乘法表的感觉不同是一样的，我们可以用直觉思维计算简单乘法，是因为我们经过这么多年的训练，把乘法表变成了一种本能性的反应。而小学生刚学乘法表，他就是在用逻辑思维去按照一定的步骤去思考，再作出判断。

对于理性思维、逻辑思维在工作生活中的作用，大家可能都有自己一定的体会。可能也尝试过去看一些资料，主动地训练自己一下。但是逻辑思维需要消耗更多的能量，需要刻意控制大脑。从大脑是懒惰的这个层面来说，我们对于生活中大部分事情还是靠直觉思维去处理的。而且如果生活中过于理性，什么事都讲道理也是一件很恐怖的事情。

每一种思维方式都有其用武之地，大部分事情用直觉思维处理即可。但是，在处理困难工作时必须用到逻辑思维，因为它不仅代表了你做事有方法、有步骤，逻辑自洽，井井有条，同时它也是我们在作重大决策时能够抽丝剥茧、正确推理的基础。往小了说，你可以在生活中做一个在别人眼里能说明白话、办明白事的人；往大了说，逻辑思维也是我们实现提升、进阶必不可少的能力。

如果说，直觉思维是直接给出一个结果，那么逻辑思维就是既给出结论又给出理由。而结论加理由，就是逻辑思维的核心——论证。论证的表象就是一个论点加几个论据。

如果不是工作环境推动你去经常使用逻辑思维，很难有大段时间或者很多事情能够让你有机会训练自己的逻辑思维，所以我要力争帮助大家能够将逻辑思维提升到一个战略高度，让大家在备考过程中持续且有意识地训练，最终考完之后得以养成善于逻辑思维的好习惯。

三、逻辑思维的核心概念和框架

逻辑思维是以你掌握的概念或者是观点作为起点的。这些概念或观点可以是名词，也可以是简单的想法，抑或可以是对简单想法经过初步加工和思考的思想。也就是说，我们每天作出各种判断和决策，都是基于自己大脑里各种各样的想法。这些基础的认识就是你的知识结构里，全部被你转化为直觉的那些以前的经验和知识。这些经验必须经过加工，才能作为逻辑思维真正的素材（图 7-1）。

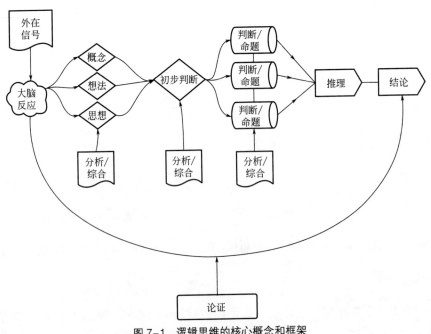

图 7-1　逻辑思维的核心概念和框架

所以，逻辑思维的第一步就是要先把你面对的所有概念或观点先分析一遍，哪些是对的，哪些是错的。然后作出一个基本的判断，你的判断表达出来就可称为命题，对每一个命题分析推理的过程，就是我们进行逻辑思维的过程。

处于思维起点的概念、想法、思想需要经过简单的加工，才能被正确使用。如果你的起点是你的知识盲区，那你后面的推理再严密，结论也不一定正确。比如：一个热门的词"区块链"，若你都不知道区块链是什么，那以区块链技术包装的各种投资产品，你就没法判断真伪。

在思维处于最初形态时，即是你决定要用逻辑思维还是用直觉思维去思考的时机。如果是一个比较正式的问题，需要运用逻辑思维，就需要你在这个阶段去控制自己一下，做一个简单、小型的逻辑推断，即问自己：这个概念我真的理解吗？用在后续的分析判断里是合理的吗？这个想法或思想是对的吗？有合理的论据支持吗？

解决或者思考一个问题的时候，不是只需要一个概念或者观点，而是需要很多个概念或观点组合在一起，你要把每一个想法进行初步加工，筛选出来有效信息，再进行进一步的分析，看这些信息之间又有什么样的联系。

简单来说，即你的想法要以你结合自己已有的知识、经验进行联想开始，作出初步思考后，用逻辑去分析、连接、推理这些判断，去验证判断的正确性，并且通过一定的逻辑关系把这些判断集合起来，最终得出一个完整的论证。

所以产生很多个初步的判断后，就要对这些判断进行分析。分析就是把一个整体拆解开，然后从不同的角度去理解。刚开始你可能不具备完全穷尽的能力，但是你具备在清单上写下至少一个角度的能力。

分析的过程就是不停判断的过程：哪个想法是对的，可以作为推理的素材；哪个想法是错的，要抛弃。而我们作出的每一个判断，用语言或者文字表达出来就称为命题，也就是说，判断和命题是同一个意思，一个是在头脑里的思想，一个是表达出来的语言文字。命题就是我们逻辑推理的构成要件。

分析是指把一个整体问题拆解成很多小部分。针对每一个部分都去进行思考、联系；综合是把拆解开的这些小部分经过自己的融会贯通又整合成一个整体的过程。分析是放的过程；综合是收的过程。

分析和综合贯穿逻辑思维的整个过程。你要在每一次的小判断、小推理以及概念理解的过程中运用分析和综合，自上而下又自下而上地反复琢磨，多角度思考。这样才能保证，你作出的判断可以作为逻辑思维的素材，以及经过推理之后得出的结论的正确性。

推理就是遵循一定的顺序和方法，把所面对的两个命题，通过对比、分析、综合，按照一定的逻辑关系连接在一起，得出这两个命题与第三个命题之间关系的过程。最重要的就是归纳推理和演绎推理。

归纳推理法是我们最常见的推理方法，即由个别到一般的推理方法，就是总结多个个案，通过 5 个、10 个甚至更多的论据支持，进而得出结论。演绎推理是从一般到特殊的推理方法，我们在法考领域主要需掌握的是演绎推理法中的三段论推理。三段论是指在两个作为前提的命题之间，建立一定的联系，通过这种联系得出第三个命题，也就是结论。如果大前提为真，小前提也为真，经过三段论推理，得出的结论一定为真。

此处稍微展开：司法三段论的大前提和小前提为什么一定为真？

　　司法三段论的大前提，即法律规范，是经国家权威机关制定或认可的。法律规定出来，即便从法理上是"错"的，在司法实践中，它也是"对"的，也必须被遵守。在学习中，你可能发现有些老师讲到的内容，虽然不符合法理，但要视为特殊规定去记忆。

　　司法三段论的小前提是案件事实，我们现在讨论的所有的案件事实不一定都是客观真相。这是因为，一方面我们不是亲历者，不可能了解案件的所有细节和背景；另一方面，人都有保护自己的倾向，再加上人的记忆都是有所偏差的。所以我们永远不可能还原百分百的客观真相。我们讨论的所谓的证据事实，就是我们面前现有的、根据已经规定好的证据规则可以认定效力的证据。这个经过各种法定程序组织出来的证据事实就是我们的小前提。经过法定程序的背书，它也一定是"真"的，必须是"真"的，即在作出裁断的那时那刻它是"真"的。

　　法律分析的过程就是目光和思想在法律规范和案件事实之间往来穿梭。在这个过程中，把案件事实和法律规范之间的距离不断拉近。最终使法律规范能够适用于案件事实，得出结论。而这个法律后果在法律意义上就一定是正确的。

　　一个大的逻辑推理里面必然套着很多个小的逻辑推理。这些所有的推理过程，在法律推理的范畴内就称为内部证成和外部证成。

　　我们面对的案件事实也好、概念也好、想法也好，经过分析、综合、判断，进行推理得出结论的过程，就是我们论证的过程。实际上在我们分析复杂问题的时候，论证过程是非常复杂的。在初涉逻辑思维时，不要想得太深，先把最基础的这几个核心概念和基本的思维路径掌握了即可；逐渐地再随着理解的深入、思维能力的提升，去做更复杂的思维训练。

四、训练逻辑思维的方法

初步了解了逻辑思维的核心概念和步骤，我们就需要将对逻辑思维的训练融入每一次学习中。只有这样，逻辑思维能力才能在不知不觉中提升。训练逻辑思维的方法有很多，本书列举其中部分针对日常备考学习的具体方法供大家参考。

第一，8w2h 分析法。

人民教育家陶行知有一首名为《八位顾问》的诗是讲学习的秘诀的。

"我有八位好朋友，肯把万事指导我。你若想问真名姓，名字不同都姓何：何事，何故，何人，何如，何时，何地，何去，好像弟弟与哥哥。还有一个西洋派，姓名颠倒叫'几何'。若向八贤常请教，虽是笨人不会错。"

我斗胆稍微改编一下这首小诗，由此制作 8w2h 分析法示意图（图 7-2）；并将改编后的小诗命名为《十位兄弟》。

8w2h分析法		
何人	who	主体
何人	whom	
何时	when	时间或时效
何地	where	地点或管辖
何故	why	因果关系
何行为	what act	行为
何后果	what consequence	结果
何法（规范）	what rules	法律依据
如何	how	法律后果的定性
几何	how much	法律后果的定量

图 7-2　8w2h 分析法示意图

"我有十位好朋友，如何断案告诉我。你若问他真名姓，名字不同都姓何，何人与何人，何时何地何故何行为产生何后果，何法如何处理到几何，但凡案件全找到，明白断案不会错。"

在分析每一个案例时，都要有意识地提取这些核心要素，并且按部就班、一项一项地去思考。有的题目可能考查的侧重点不同，不一定包含所有要素，大家要灵活使用。时刻用"8w2h分析法"提醒自己，是为了把它当成一个训练的工具，在前期思考时，尽量不遗漏要素。经过一段时间的针对性训练，解题思路就能越来越清晰。

第二，经常使用是什么、为什么、怎么办三段式结构化思考问题。

结构化的思考方式，有助于形成清晰的思维框架和切入点。这一点对阅读理解讲义很重要。你可以有意识地把讲义内容套用这个结构。比如，一般一个小节都会有一个核心的概念或者要解决的问题，这就是"是什么"的部分。而一个问题的原理就是"为什么"的部分，"为什么"又可以从多个角度展开，比如为什么是这样理解、为什么这么重要等。具体的解决办法或者一个核心概念具体怎样去理解，就可以套用为"怎么办"的部分。

不同的场景，顺序不同，但是大体都可以分为这三个部分。比如本章内容就是按照为什么要训练逻辑思维、逻辑思维是什么及其步骤、具体怎样训练逻辑思维（即为什么、是什么、怎么办）这个顺序展开的。

第三，百度百科。

要养成遇到不理解的词就去查百度百科的习惯。很多概念，我们看似理解，实际并不能真正掌握其意思。你对一个概念里每一个词语理解的准确性和深度决定了你对整个概念理解的准确性和深度。基础的理解力的积累，是你进行逻辑推理和深入理解必须做的事情。一定要不断地、经常性地去调用百度百科，主动去搜索所有你无法充分理解的内容，这样能够尽量保证逻辑思维有一个正确的起点。

第四，记笔记，写日记，写总结。

其实，我们很多时候以为自己学会了的知识点，实际并没有学会。通过不断思考，把自己的思考过程外在化，并且不断修正和完善，反复梳理逻辑，才能进一步地加深理解。一次思考、一个想法不记录下来，就可能造成遗忘。

第五，建立清单思维、流程思维、层级思维。

前期训练过程中不要怕麻烦，更不要自负。要把一些成形的模块，做成清单卡片，在思考时循序渐进地进行，而不要随意地任由自己的思维跳跃，跨步骤进行。比如犯罪构成体系，你就可以写一个要件清单，前期就按照清单中的内容逐项分析，熟练了之后你自然就可以抛弃清单了。

流程思维和层级思维，即指要有意识地通过还原现实场景，去探究讲义展开的逻辑，比如一场诉讼活动的流程、一个犯罪行为的流程等，通过还原场景与讲义的目录体系及标题体系去建立联系，逐渐在自己的头脑里建立起完整的多级知识体系。通过不断梳理，逐渐做到闭上眼睛就能有画面、有框架；再通过不断翻看、不断重复去加深自己的理解。

总之，不论是拆解概念、拆解讲义还是拆解题目，都要有这样明确的思维路径。在备考的过程中，要不断提醒自己，一遍又一遍地在头脑里、在笔记上、在讲义上去梳理逻辑，一旦你的逻辑捋顺了，你的知识体系也就基本成形了。

第八章　怎样进行法律思维

　　本章内容旨在帮助大家了解如何才能具备一个准法律人的基本素质。法律思维既是我们思考法律问题的角度，也是我们思考法律问题的落脚点。想要真正具备法律思维需要很多的理论积淀和实践的训练。我们暂时只从考试的角度去建立一个大概的思路，帮助大家在遇到不理解的知识点或者遇到不会的题目时多一个思考的视角。

　　想要理解法律思维，就要从深刻理解法律是什么、法律的作用、法律追求的价值、法律运行的机制等这些基本的法理入手。法律是一种规则，是一张法网，是一个国家为了保证各方面事务的秩序制定出来的规范体系。

　　用一句话来概括，法律思维就是：国家要秩序；法律共同体守规则；老百姓要幸福生活。

下面我们就从这三个视角来进一步解释一下怎样进行法律思维。

一、国家的视角

国家是从原始部落一点点融合发展而形成的。它是一个由人所组成的共同体。这个发展的历程不是你好、我好以及娶妻生子的自然融合，而是充满了侵略和杀戮。这样的融合就必然有人处于统治地位，有人处于被统治地位。经过长期融合，聚集在一起的人越来越多，于是随着生产力的发展，渐渐有了分工，有了文化，有了社会。社会分工越来越复杂，人和人之间的关系就越来越复杂。人和人之间的关系就是社会关系，而调整这些社会关系的规范就叫社会规范，法律就是社会规范的一种，也就是人在与其他人产生社会关系的过程中要遵守的规则。

法律就是国家的规矩，法律的最终使命就是为了维护统治阶级的利益，从而维持国家秩序的稳定。

所以，从国家的视角来看，秩序是法律第一位的价值。我们国家所有的公权力机关的工作，全部都是为了让法律更好地运行，让国家各个方面的事务进展能够做到秩序井然。我们生活中接触到的公权力机关、公务员，都是在执行国家已经制定好的法律规定。

既然要更好地维护秩序，法律的制定就要考虑很多因素，比如法律的稳定性。法律是人们行为的指引，如果朝令夕改，那就会令人们感到无所适从；但法律又不是一成不变的，它会随着时代的发展与时俱进，去解决现实社会出现的问题。归根到底，哪里可能失去秩序，哪里就会出现法律。

国家为了维护人民的整体利益，就要通过在各个领域制定法律去保证国家各方面的运转能够秩序井然。只有这样，人民才能安居乐业，国家才能长治久安。

理解了这一点之后再去研判很多事情，我们就可以透过现象回到本质，从国家的视角运用法律思维思考问题。

二、法律共同体的视角

法律共同体就是法律专业人士，既包括法官、检察官，也包括律师、法学家等。

作为法律专业人士（以下可称"法律人"）每天要做的工作就是运用"法言法语"这套专业的术语系统，对实践中遇到的案件或工作进行解释、推理和判断。"法言法语"不只是堆砌在一起的晦涩难懂的术语，更是一个完整的、可以在法律世界畅行无阻的语言系统、解释系统、理解系统。如果无法掌握这套系统，我们也就无法深入理解法律的一些规定。

内行人就不能说外行话，"法言法语"应该是我们从一开始学习就对其保持高度关注的。比如，犯罪嫌疑人、被告人，这些在普通人眼里没有太大差别的词语，在法律意义上有着根本的区别。即使明知犯罪行为是某人所为，在公诉前也只能称其为犯罪嫌疑人。因为《中华人民共和国刑事诉讼法》第十二条明确规定："未经人民法院依法判决，对任何人都不得确定有罪。"而被告人是与自诉人或公诉人相对应的，只有在诉讼阶段，才可将犯罪嫌疑人称为被告人；被告则是民事诉讼领域的术语。这些基本的概念是不能混淆的。

我们现在学习的就是要通过理解诸多基础概念，去掌握这套语言系统，比如，一句话应怎样说才符合规范的"法言法语"，一个术语到底是什么意思、应用在哪里，都是我们应该一点点、有意识地去积累的。

除了掌握语言系统，分析法律问题、解决法律问题同样必须遵循一定的规则。作为法律共同体的一员，当我们初步掌握了一些学科知识，就可以用它们去分析法律问题，也就是将法律规范适用到案件事实。这个思考的过程就是所谓的司法三段论。法律人每天要无数次地运用司法三段论演绎推理，将思想和目光在法律规范和案件事实之间往来穿梭，通过解释、推理等手段，不断地拉近案件事实与法律规范之间的距离，最终得出一个好的法律结论，即满足可预测性和正当性，能被社会大众普遍信服的结论。

法律规范是提前制定好的。我们所做的每一个法律分析都必须以法律为准绳；我们说出的每一句话都要有法律上的依据。没有依据则没有权威，法律人本身没有权威，所具备的权威是通过适用法律由法律赋予的。法律文本如何解释、法律的漏洞如何填补、法律推理如何进行，都应有既定的运行规则可以依据。法律人做的每一个动作都必须严守规则，而不能随意打破规则。

对于我们的学习来讲，更要以事实为依据，以法律为准绳，以规范的"法言法语"系统为表达方式。在面对一个案例、一个题目时，"以事实为依据"就表现为，以题干信息为全部事实依据，不要过多引申思考。分析完后还要整体地看一下，自己判断的依据是否超出了题干给出的范围。"以法律为准绳"则要求我们深刻理解具体法律规范的构成要件和适用范围，在找法的过程中，严格遵循目光往来穿梭于案件事实和法律规范之间，思量再三，才能得出相应的结论。

反复训练上述思考过程的同时，我们还要具备权利思维。法律人要深刻理解法律的内容就是权利和义务。当然，这个"权利"和"义务"指的是法律权利和法律义务。保护权利，是法律世界永恒的规则。以权利思维去思考法律问题，就是要明确到底有什么法律权利被侵害，有什么法律义务未履行，权利受损方如何救济。有权利，必然有救济。我们在思考法律问题时一定是以权利为起点，以救济为终点。

从另一个角度来理解规则，我们也可以把它理解为程序。正义不仅要实现，更要以看得见的方式实现。我们在思考法律问题的过程中，也要有明确的程序正义的思维。客观条件和主观目的都决定了，法律只能或者只想追求一个形式上最正确的结论而无法追求实质上最正确的结论。这个时候，公平正义的程序，就有利于法律结论被社会公众所信服、接受。

总之，作为一个法律人，我们有专业的法律语言系统，有固定的理解和适用法律的规则。我们必须遵循这些规则，时刻思考在一个案件里到底有哪些法律权利被侵犯，哪些法律义务未履行，然后在法律规范与案件事实之间反复推理、论证，最终得出一个满足正当性和可预测性的结论。

三、普通人的视角

保持一个普通人的视角，首先就是要跳出专业思维。比如做题时，需要保留一个单纯从文本审查的视角。有一些题目的选项，其实只是想考查一个常识或者一个文本分析的意识。这样的题，如果你用法律分析的思路去思考反倒会陷入"出题陷阱"。

每个普通人面对法律问题时，都有自己确信的是非观、正义观、道德观，也就是所谓的朴素的价值观，或者说是一般的生活经验。法律无外乎人情，如果一项法律规定不符合大部分普通人的价值观，那也不会被信服。所以，我们在思考法律问题时，要有一个从普通人感受出发的视角。如果你设身处地地进入事件去感受，会觉得有些处理方式欠缺公平、合理，那你就可以更有目的地去寻找支持你内心感觉的依据。

普通老百姓，大多不会从全局的角度去思考秩序、制度等大方向的问题。他们也不具备专业的能力，去深入理解术语或者一些法律规定背后的逻辑。普通人做出一个行为，往往只从自己的实际状况出发。很多人其实并不是故意违反法律规定，只是从自己对法律浅显的认知出发去行为。

最后，我们对法律思维做一个简单的总结：国家制定完善的法律体系，用来规范和引导人们的行为；人人守法，才能保证国家实现维护秩序，进而维护统治阶级整体利益这个终极目的。

法律共同体要运用权利思维，在各方面完备的规则体系、语言系统和公开正义的程序设计下，以事实为依据，以法律为准绳，去追求一个唯一、确定且最终的法律决定。

法律归根结底是服务于人民的，是要为老百姓的幸福生活保驾护航的，所以要时刻保有一个普通人的视角。

无论是学习还是做题，我们都要不断地加深对法律思维的理解。法律思维是法律学习的元认知能力。只有深刻理解法律思维，才能真正提升解决法律问题的能力。

第九章　文本分析法

众所周知，法考的学习内容，最让人感到"恐惧"的就是那 8 本厚厚的讲义，单单与讲义配套的视频课件就有近 300 小时。听一遍课件、看一遍书都需要花很多时间。备考过程中，还需要学好几轮，还要做真题、整理笔记等。面对这么多的备考内容，很多人会不知不觉地赶进度，想快一点听完课程，想用尽量薄的讲义，但这些不是解决问题的根本啊。

大家要明确的是，法考是一个资格考试，你的对手只有一个，就是分数线。你并不需要掌握所有内容。很多内容只要以点带面地理解即可，是不需要做过多记忆的。那真正的理解从哪里来呢？这就需要你能看明白老师的讲义，听明白老师做出的解释。

一、为什么要训练文本分析能力？

文本分析能力跟你的理解力是息息相关的。你的文本分析能力弱的话，表达者表达的是一个意思，你可能理解成另一个意思。因为不同的人的知识结构存在显著差异，所以才会有那句名言：被误解是表达者的宿命。

你要做的是，不论接收信息还是表达信息，都应站在对方的角度去考虑问题。落实到阅读讲义和听课，就是要尽量地去探寻老师想让你知道的信息，与老师的逻辑进行碰撞，而不是只局限在自己的思维框架下，被自己想知道的信息限制住。另外，一道真题背后的命题人也有其出题逻辑。你与命题人想考的考点碰撞到了一起，你才能正确地分析题目。比如，有的题目其实就是想考查字面的理解，你却非要用某个理论去分析，最后就会进入"死胡同"。

所以在学习过程中，要持续与老师的逻辑进行碰撞。这句话对大家是非常重要的，怎么强调都不过分。做好文本分析的一个核心目标是能看明白你要看的内容的真实意思，能听明白老师说出的话的真实意思。

在进入具体的方法之前，我们要先梳理一下接收信息的过程。我们每天接收的信息无外乎图像、声音、文字等。实际上这些信息的本质都是"文本"。这个所谓的"文本"是一个刺激，接触到你的感官，你的大脑会自动地用你已经掌握的文字和语言逻辑去对这些"文本"进行分析处理。

正如视频都有脚本、一幅画作总是想表达一定的意境，所有的信息我们都可以将其理解为一种文本，文字是写出来的语言，语言是说出口的文字。如果一个画面不能转化为文本，那即便它出现在你的脑海里，也无法与已有的知识结构建立起联系。

而我们把所有信息都作为文本去分析，就是为了在头脑里用自己已经掌握的知识结构和语言逻辑去把你想理解的问题都理解正确。

大家要明确一个理念：在法考备考的学习中，不能自己随意引申思考，因为你的目的是考试，而不是解决现实问题。如果你把一个课上的内容和现实的新闻结合，你会发现现实问题总是跟你所学知识有偏差。如果你顺着这个思路，给自己提出一个"为什么"，那要解决这个问题，可能会花你很多时间，然后还不一定能研究明白。我们备考要做的是，只专注于老师讲出来的每一句话和讲义中的每一个字，专注于老师经过反复研究和精选后呈现给我们的内容，那是老师针对考试给我们提炼出来的重点内容。过多的引申思考，不仅无意义，还浪费时间。

老师所有的思想都是通过其文字和讲课内容流淌出来，进入你的耳中、大脑里。至于你能吸收多少、理解多少，这是由你学习时的注意力和你所具备的理解力决定的。老师讲的概念若你之前接触过，一听就能听懂，那你当然可以加速听课。老师讲的内容你听不懂，那就必须回到原点，把这个内容涉及的概念搞懂。这样将所有概念积累起来，才能达到你对某一个学科的知识能够快速吸收和理解的程度。

一个人在学习自己不熟悉的内容时，一定有很多术语是在你的知识结构之外的。而人的专注力是有极限的，你不可能一直保持专注。每个人听课都会走神，只不过差别在于5分钟走神一次还是10分钟走神一次而已。而我们法考的内容这么多，大家都随着大流去听课，你又不敢不听；大多数人又不具备良好的阅读习惯和优秀的阅读能力。这些因素就导致在听课后你的思维一定会有断点。如果你没有课后及时复习整理的习惯，时间一长，思维断点叠加遗忘，最终结果就是回头复习时，你会觉得自己大脑一片空白。而这种突如其来的打击，会让你陷入反复焦虑的恶性循环。所以，听课只是辅助理解的手段，并不能成为学习的主旋律。

因此，做好文本分析的另外一个目标，就是要在听课后，通过阅读讲义把思维断点接续上。

这两个目标就要求考生要有意识地训练文本分析能力：一是在学习听课时，只针对老师讲的内容，理解老师想表达的真实意思，一个词、一句话到底有几层含义；二是在听课后，接续上思维断点，通过完整地提取讲义的框架和逻辑，抓住主题句、重点句，让自己每学一课都能提取出其中大部分的重点。在后面的学习中，再通过梳理、修改、补充，把这些提取出来的重点内容，完善为专属你自己的知识体系。这样你就可以摆脱一轮一轮的盲目低效学习，尽可能保证学习的效果。

二、文本分析的前提是定位范畴

范畴就是框架、角度、前提，是一个内容的出发点，简单而言，即你须跟对方在一个频道上。比如，一个考点是共同犯罪的题目，你根本就没判断出这个题的范畴，而是把每一个犯罪行为都作独立评价，那你就跟命题人不在一个频道，就没法定位考点，就没法和老师的逻辑进行碰撞，也没法和表达者正确地交流。

当你在阅读讲义时，会发现老师的讲义上有很多诸如"在某某框架下""在某某情形下"这样的话语，这都是老师展开论述的前提，表明后文的内容都是在这个范畴内。老师在这个范畴内解释，你就得在这个范畴内理解。

不管是事前定位还是事后审查，范畴都是我们必须时刻关注的。很多人总是去关注一些被明确提示出来的考点，却往往忽略了这个考点所处的范畴。这样很容易造成混淆。思路不清晰，自然做题就容易出错。在面对具体的题目时，不要只专注于分析题干中的主体、行为、结果等核心要素。往往一个题目的预设前提，才是真正的考点，如果不能定位这个范畴，那后面做再多的思考，也不可避免地会做错题目。

分析一个内容，首先要有一个整体视角，通过整体视角定位眼前的内容处于什么位置以及在哪一个范畴内。这样的反复训练可以帮助你建立体系思维。不论是看书、听课还是做真题，不能以自己为主，而要以对方为主，换位思考，找到对方的出发点，你才能定位范畴。定位了正确的范畴，进一步的思考和沟通才有意义。

三、文本分析的起点是词义理解

我们看到不管是一本书、一个章节还是一道真题，它们都是由若干个段落、若干个句子组成的，而这些句子都是由词组成的。能够快速理解的基础是，你对一个句子中的每一个词都理解，也即我们进行文本分析的起点是词义理解。

对于法考学习，词义理解的核心就是概念术语和概念中一些词组的多层含义。细心的考生可能会发现，老师的讲义就是在把法条或者概念拆解开，逐词予以解释。考生要做的就是把这些解释看明白，将自己真正需要记忆的内容抽象回作为概念的那些最精练的表达，并且可以正确地运用这些概念或法条解决问题。

正确理解概念后，剩下的所有内容其实都是在做逻辑分析。法考的讲义基本都是短句的堆砌，不像文学作品有很多长难句。你只要能抽丝剥茧，把逻辑理清，那么该段落、章节的重点就能抓住，也就能达到把讲义读通、读透的目的。

一个词一定是你之前不清楚的，你才需要去理解。我们对认知少的信息会感觉很抽象，你看老师的笔记就是抽象，老师看自己的笔记就是具象。所以我们理解词义的第一个方法就是具象化。

当你看到一个词和它的解释，就可以快速地想一下，这个词跟自己生活中的什么场景可以类比？其实我们每天接收这么多的信息，一定能把某一个抽象的概念具象为头脑里曾经看过的一些情节或图像。这个具象的过程，有可能不严谨，但是它有助于你完成第一次与知识见面时的初步理解。

比如"熵"这个字，有的人可能都不认识，更不要说知道它的含义了。如果我说熵是用来度量混乱状态的，熵增就是一个向无序混乱的状态发展的过程，你可能还是不理解。如果我说，我不建议你在家学习，因为家里有很多会干扰你注意力的事情，也即你家里越混乱熵值越高。你看着家里碗也没刷，沙发上全是随意堆放的衣服，到处是孩子的玩具，你觉得你能学进去吗？你的家里的状态变得混乱的过程，也即熵增的过程。这样具象化到你生活中的一个场景，你下次再看到"熵增"这个词的时候，就能理解这是一个有序向混乱发展的过程。

再比如，我们学习法理学时讲到法律具有强制力的特征，可能有些抽象，但是如果你把它具象到警务人员强制执行的一些画面，就能有一个初步的理解。虽然你刚开始所想的可能不全面，但是最起码再见到诸如强制力或者合法的暴力这样的概念，你知道了是怎么一回事儿。至于更细节的理解，那就需要后面再深入学习和做题去完善。

理解词义的第二个方法就是保持好奇心，每天很多次地调用搜索工具，只要遇到你不是很理解的词，你就去查。基于兴趣主动去搜索得来的信息，会更容易记住。很多你看似理解的词，其实并不真正理解。通过将搜索结果与自己拥有的知识进行对照，可以从不同的角度增进对知识的理解。这个习惯，需要经过一段时间有意识地养成。可以刻意地把一些词记录下来，利用碎片时间按照列表去搜索，这样一点点积累起来，再看到含有这些词的内容，你就能做到快速理解了。

理解词义的第三个方法就是要联系上下文。阅读习惯不好的人，一般阅读都是线性的，从前往后一字一句地读。这样读的效率非常低，并且很容易读了后面，忘了前面。实际上阅读应该是前后、高低、远近，多角度切换。你不仅须按顺序读，还须整体和局部切换、后面和前面切换、正向思维和逆向思维切换。一句话就是，你只有结合实际情况联系上下文，才能看出一个词在这里，到底是什么意思。

四、句义、句群、段落、段群的理解

将词义都理解了还不够，很多时候你会发现一句话里的每一个字都能理解，连成句子你就不理解。下面我们就把句义理解、句群理解、段落理解、段群理解全部都归到一起解释，简单说，方法就是抓逻辑词、抓重点词、抓主题句，先拆分后整合，然后转化成自己的语言。

名词、动词、形容词、副词等各种词，按照一定的逻辑关系连接在一起就形成了句子。我觉得很多人阅读慢、理解慢，根本原因可能是小时候语文学得不好，对句子成分以及各种逻辑连接词掌握得不到位。

一句话里面有诸如"因为""所以"这样的明确提示，你当然可以理解为这是因果关系的句子，前面是论据，后面是结论。但是有很多句子没有明确的逻辑词，逻辑词省略或者替换成了你不熟悉的词。再加上有一些长句，你都看不出来一个"所以"对应的是哪个"因为"，那你也就无法理解这个句子。

一般一个段落里可能有几个句群，一个句群会有一个它要去解释的主题，可能是这个段落主题的一部分。几个分主题汇集在一起就是在论述这个段落的主题句。某几个段落在解释同一个主题或解决同一个问题，这就是段群。

理解句子和段落的第一步：拆。在每一个句号的范围内，每一个逗号都可拆出一个单独的短句。对一个大标题内容的学习，要先整体地看一下有几个段落，只需要有一个大概的整体印象就可以。然后进入到每一段就可以开始拆解，就是你在阅读的时候要有意识地去看有几个句号，每一个句子下面有几个逗号或者分号。在拆的过程中，通过不断翻看前后的段落，再去厘清段落之间的逻辑。这个拆的过程，是可以只动眼睛和笔而不动脑的。

理解句子和段落的第二步：画。简单浏览一下段落里的句子情况，在每个短句中去查找、画出你认为引导了这句话进程的逻辑词。每一位老师都有自己独有的且相对稳定的表达方式，初期需要专门拿几个章节训练自己，比如老师喜欢常用哪些逻辑词，哪些类型的句子老师会隐藏逻辑词。经过有意识的积累之后，再读起这位老师的讲义，你就可以很熟练地抓住重点，这样不仅阅读效率高，对信心的提升也非常大。

一拆二画不需要过多去深入理解，只需要定位需要去理解的关键节点。

理解句子和段落的第三步：配对。画出逻辑词后，要做的就是把每一个逻辑连接词进行配对。这就需要知道都有哪些类型的逻辑连接词，比如因果、转折、条件、假设、让步、顺承等。如果遇到一个句子的连接词却不知道是什么逻辑关系，可以用逻辑词作为关键词去百度搜索一下，马上就能查出来。这样积累一段时间后可以使自己做到一看到连接词就能知道逻辑关系，就可以顺着逻辑脉络真正明白一句话到底在讲什么了。

快速梳理每一个句子及句群的逻辑关系，在此基础上就可以抽丝剥茧地抓住段落或段群主题句。把逻辑脉络梳理清楚了，就可以轻松地提取出关键理解和关键结论。其中有一些好理解的内容，只要把主题句记下来，其他的解释部分甚至可以忽略，以后都不看了。

最后总结一下：当你看到一个文本，首先要定位范畴，你跟对方是否在同一个频道讨论问题，决定了你们是否能够完成逻辑上的碰撞。如果不在同一个范畴，针对的不是同一个角度，你的理解就会出现偏差。范畴定位得以确定，就按照我们讲的方法去具体理解词句段篇。

对于词义的理解：第一，把抽象具象化；第二，多用碎片时间搜索百度百科；第三，多联系上下文语境。对句义、句群、段义、段群的理解就是抓逻辑词、关键词、主题句，即一拆、二画、三配对。

把整个文本的逻辑捋顺之后，找出最核心重点的语句，再把这几句话转化为自己的理解，串联在一起。这就是你对这个章节重点的提取，也就是你的学习成果，把它固定下来，就算很好地完成此部分内容的第一轮学习了。

第四部分
法考备考学习方法

第十章　学习技巧之预习

从本章开始，我们要进入具体的学习实操技巧层面。其中有学习的一般技巧，也有结合法考特点的针对法考的技巧。技巧是针对具体学习动作的。一般考生的学习安排，基本就是听课、看书、课后做题练习，有的人会课上做一做笔记或者直接在书上标记。但是我发现很少有人能够通过正确的预习方法来提升自己的听课效率，进而提升自己的时间利用效率。

一、预习的目的

大脑的本性是懒惰的，很多人学习效果不好就是因为随着学习时间的延长大脑开始懈怠了。虽然你还在听课，学习动作还在进行，吸收效果却已经很差了。

预习可以帮助我们用较短的时间快速提取一节课内容中的重点，需要结合文本分析法进行。提高听课的有效性，能够改变大脑的惰性，尽可能地保证学习效果，在一节视频课件的学习时间内，完成预习、听课、记录重点等学习动作。

预习的第一个目的，是用最短的时间在头脑里搭建马上要学的章节的大框架，以及该章节与讲义逻辑体系中其他章节的关系，并且快速巩固一下上一节的内容。这要结合本章节的标题结构、目录以及你上一节课固定的重点提取，后面我们再展开具体方法。

预习时一定会遇到你看过之后感觉很难理解的名词概念或者说法，这些就可以作为你的问题，你可以标记一下，留待课上带着问题去听课。这样做的目的性更强，也能更集中精力，这就是预习的第二个目的。比如一本讲义，前面基本都是讲一般原理。这些原理，想要讲得全面，必须结合后面的具体内容，所以一定会有很多你初看时完全不理解的概念。我们前面讲过，对陌生概念一方面你可以通过上网搜索或者快速翻到讲义中对应的内容看一下，建立一个初步印象，另一方面可以将抽象的概念具象化，先以某个你认知范围内的模型，去理解本章节的内容。

初步了解书中大概有什么内容，而不是直接想也不想就开始听课，老师讲什么就开始抄什么，或者写自己的理解，这就是预习的第三个目的。这样可以在听课时结合书中的内容，减少记录的频率，避免因为记录错过内容，形成思维断点。听完一大段或者听完一节课再整理笔记，无论是听课效率还是听课效果都要更好一些。

另外，预习的大原则是要适度，要控制时间。以每一节大概 60 分钟的视频课程对应的讲义部分为例，预习要控制在 5 ~ 10 分钟，最好是控制在 5 分钟左右。预习时不要深入细节；利用文本分析法，快速浏览，快速地初步理解即可。通过预习与加速听课结合的方式，要比什么也不想，直接就开始一节接一节听课，收获要大很多。

二、预习的步骤

预习的第一步是，开始学习某一个章节之前，要花几十秒钟的时间去浏览目录，看一下这个章节在整本书逻辑体系中的地位以及跟哪几个章节的联系比较紧密。

我们以刑法为例来说明。学到行为这一章的时候，预习时就可以先翻开目录看一下，行为是属于客观要件范畴，上下浏览一下，明确客观要件还有主体、结果、因果关系。那么按照之前的学习情况，你就应该知道这是对犯罪构成体系的展开。随着后面学习的推进，再不断扩大浏览目录的范围，这样你就可以先从讲义目录或者是全书的整体框架角度进行一次思考和复习。

参加过考试的考生，不要觉得自己的基础还算扎实就省略这个步骤。知识体系的框架就是解题思路，既然没能通过考试，那肯定还是缺乏对整体框架的认知。在学习过程中，不断地浏览目录，熟悉整体逻辑，就是为了把知识体系的思维路径一遍一遍强化。随着学习的深入，你头脑里的框架越清晰，就越能发现这种方式的效果。

预习的第二步是，要用1分钟左右的时间快速浏览一遍上一讲的内容，做一个章节框架和绝对重点的复习。具体复习何处，就要看你在上课时听到老师提示了何处，和你对该章节的把握。不必面面俱到，只要在你现在水平范围内查看自已记下来的内容就行。这个复习要建立在你上一节课就已经做了初步重点提取的基础上，否则你也不可能用1分钟就复习完上一节的重点。

预习的第三步是，快速地翻看讲义，运用文本分析法，将讲义内容的标题框架、段群、主题段落、主题句勾画出来。有些老师也会在章节标题下方以专题概要、特别提示等形式直接提示本章节重点内容或者会提供知识体系图。这些部分要阅读一下，做到整体性初步把握即可。同时，对本节课中体现的其他章节的知识做一个了解，已经学过的知识、章节是否知道大概意思；陌生的知识，尤其是画波浪线的重点内容，如果预习时在理解上有障碍就可以标注一下，在听课时带着问题去听。这样听课也更有针对性一些。

预习时不用读案例。案例就是老师罗列在书上去帮助我们理解的，也是老师在课上要讲解的。如果你看得太细，会耽误时间，也会影响听课的注意力。

简单总结一下预习的步骤：一要看框架，也就是标题结构。二要看核心概念，每一个小标题项下都有概念，只不过表述的方式不同，这些概念就是章节知识体系的骨架。我们学习其实就是通过老师很多的讲解和案例，把书中的诸多内容浓缩回概念的那几个字。三要看以波浪线或总结词引导的核心句，这些内容往往是本节的重点问题，需要在课上着重去理解。

对每一个小节以及小节项下的大小标题，都按照框架、核心概念、重点句这3个角度去快速浏览一下，你就完成了这个章节的预习，就可以带着这个框架去听课了。

第十一章　学习技巧之听课

　　法考的 8 本精讲讲义配套的免费公开课，时长在 300 小时以上；即便是加速听课或找一些精简版的视频课件，课程总时长也要在 200 小时以上。加速听课其实是一个太过理想的状态，对于很多考生来讲，一部分课程内容，你不仅无法加速听，甚至可能需要听两三遍才能理解。以大部分考生的备考时间来看，整个备考过程，基本只允许大家做一次完整且认真的听课。如果第一轮学习的听课效果不好，后面所有的复习节奏都会被拖慢。所以听课的效率是重中之重，对整个备考过程有着非常大的影响。

一、关于听课的理念

学习能力较强的考生，其听课效率其实是有一定保障的。但很多学习能力不太强的考生，刚开始备考时并不能很快进入状态，总觉得时间还早，就有一搭没一搭地学习。如果心里没有紧迫感，听课的时候还会有意无意地走神儿，听课效率就很难保证。以一个不太认真的状态听课，课后也没有科学地复习，前面的大部分时间就等于被浪费了。等到真正产生紧迫感时，备考时间已经所剩无几了。甚至很多人复习的时候发现很多内容自己好像完全没有学过，马上就会变得非常焦虑。这是很多投入上千小时学习却没有通过法考的考生的通病。

很多考生特别愿意听课，是因为听课只需要点开视频或音频，就可以跟随老师生动的讲解过一遍知识。但是我们要知道，光靠听课其实吸收效率很低。在学习方法的"金字塔"中，听课的效率是排名垫底的。原因我们前面也解释过，人的专注力是有限的，不可能一直被动却高效地吸收信息。大脑也会不断偷懒，只要稍一个不注意，大脑就会自动选择最省力的方式，让你不知不觉地陷入惯性。你以为自己在听课，实际上并没有真正地吸收知识。

所以，我们首先要明确的理念就是，听课不是目的，只是完成知识初步理解的手段。听课只是辅助理解的工具，并不是说必须听课或者听好几遍课才算是完成了学习任务。况且，听课只是我们备考大目标项下，跟阅读讲义、做题、记笔记等并列的任务之一。即便很好地完成了听课任务，考生仍旧还有很多其他任务要做；更不要说，听课的效率本身就比较低了。

不论你是一倍速还是加倍速听课，听课必须是一个不断记录、不断调整速度和进度的过程。跟学习内容无关的事情，就应该加速或者跳过去。听得懂的就加速听，听不懂的必然需要反复听两遍才行。听课的目标，就是完成初步的认知和重点提取。如果没有达成这个目标就不能往前推进学习进度，必须要停下来再研究一下才行。至于需要多久完成初步的理解，那就是个人的能力问题，这跟你过往的基础学习积累有关。绝对不能为了赶进度而忽视理解度，只把听课的完成度作为学习的目标。

声音和图像是人类最原始的信息来源，而文字是相对较晚才出现的。所以从进化的角度来讲，大脑处理声音和图像的效率要远高于文字。音频课件和视频课件对我们来讲，肯定是能够提升学习效率的，也是学习的必要辅助手段。但是如果你细读讲义后就会发现，老师讲出来的大部分内容都已经写在书上了。那些书上没有的少部分内容，只是老师演绎出来以更生动的形式达成促进理解的目的。另外，不仅听课容易陷入惯性，其实看书也一样容易陷入惯性。在没有好的阅读习惯和阅读方法的情况下，看书很容易变成一字一句的低效阅读。听课是手段，看书也是手段，我们要作的选择并不是听课还是看书，而是能看懂的部分就要以讲义为主，看不懂的部分要以听课为主，甚至是反复听同一部分内容。

希望大家能够认真体会这样的感觉：一轮又一轮地熟悉每一个概念，到最后冲刺阶段能够做到两倍速、三倍速听课都能理解，几个小时就能看完一本讲义。这个过程实际是你可感知的提升理解力和养成阅读习惯的好机会。其实，所谓读书快，只不过是你对书里的概念理解了绝大部分。消除了理解障碍，读书自然会快。根本不用去看各种令人眼花缭乱的速读技巧。

总之，听课和阅读讲义是我们知识输入的主要途径，要不断作出最优选择，不让自己陷入惯性，如此才能保证知识输入的效率。

二、怎样听课

听课要有明确的听课目标，就是一切为了固定初步的重点提取。结合我们此前所讲的预习内容，就是要明确各个标题之间的逻辑关系；着重理解核心概念里的每一个字、每一个层次；找到每一个大标题的主题；将老师明确提示的核心重点理解、记录清楚。若本节课没有达成听课目的，就不能继续向下推进学习。忽视自己的不理解是大脑回避痛苦的惯性选择，我们自己要主动对抗这样的惯性，作正确的选择。

（一）搭建画书的信号系统

听课的过程中我们需要在讲义上做很多勾画和记录，为了提高整体的效率，这些勾画和记录要进行全局考虑。也就是要对自己备考过程中的使用场景有一个预估，进行有明确层次的标注，这样对于后面复习时再看书会很有帮助。

学习的本质不是听懂就可以，而是要能输出，应用所学知识解决问题。以过往的知识结构去理解未知的知识就是输出的起点，勾画和记录是初始输出的表现形式。这些输出能够让你的学习更有目的性，并达成更有效率的思考。最终在听完一节课后，把你的思考和老师的讲解以及讲义上标注的内容进行整合，并记录下来。这些就是你本节课的初步学习成果。

很多人听课画书就是当时听到了，觉得重要就画下来。其实，这样顺着老师讲解的思路轻松地画画线，也是一种思维惯性。看似你是在认真地听课，跟着老师讲课的进度在勾画重点。但是你画的内容自己到底是否理解了，这些内容到底重要在哪里，你并没有给大脑足够的时间去判断，或者说大脑为了省力，而让你产生了画完了就是学会了的错觉。这个错觉其实很危险，你以为自己学会了，理解了，其实你压根就没真正理解。过了一段时间再回看这部分内容时，你会发现，连一点儿思考的线索都找不到了，连之前的思考过程都已完全忘记。你可能又需要从头开始梳理，不得不把大量精力浪费在听课上。这样学习有多少时间都是不够用的。

所以，考生们要根据自己的学习习惯和整体的备考进程，建立自己画书的信号系统，也就是，什么样的内容用什么样的标记。自己心里有了清晰的系统，目标感会更强。用目标约束听课标准，就可以很好地驱动自己听课时做更多的思考。同时，这些工作也会为后面的复习留下很多线索，再回头看时也更容易回忆起来。

结合我们后面要讲到的输出的相关内容，可以明确：一层输出是要输出每一个章节在讲什么；二层输出是要输出每一个小节或者一级大标题在讲什么；三层输出是剩下的所有细节知识点、案例以及你在做题和联系前后章节时遇到的实际问题；再加上冲刺阶段翻看讲义查漏补缺和筛选自己理解得还不太好的内容。大概整个讲义的内容勾画要有 4 个明显区分的层次。这些内容可以用不同颜色的荧光笔或者油笔去画和标记。具体到每一个层次的内部，可以通过画线、画框等形式来标记，进一步区分每一层次内部的重点和细节。

初次听课时我们要做的是区分 3 个层次：我们提到的初步重点提取，可以作为一个完整的层次，这些内容用统一颜色的荧光笔标注，可以作为一层输出和二层输出的素材。第二层次的画书以补充二层输出为目的，也即除了初步重点提取的素材，还应深入到每一个一级标题，把其他可以作为二层输出的素材用同一个颜色的笔标注出来。第三层次的画书，属于细节内容。这些内容只需要适当地画一点儿，更多的是把自己的理解尽量全面地标注在旁边，最好是能把每一个细节都转化为一个明确的问题，等到再次回看时，通过问题和标注能回想起当时是如何思考的即可。第三层次的画书尽量不要用太多荧光笔画，否则整个讲义就会显得比较乱，重点不够突出，主要突出转化后的问题和关键词即可。

初次听课时的记录和理解肯定都很不充分，但只要能够达到初步理解就可以继续向下推进学习了。通过这样的区分，我们可以把大概50%的重点内容和细节内容作出区分。随着学习不断推进，通过翻看讲义、整理错题等新注意到的内容和冲刺阶段时对讲义内容的再次查漏补缺，都可以根据用途归入前3个层次的画书信号系统中。这样可以比较清晰地做到在重复中升华理解。

第四层次的画书，是在每一次复习时进行尤其是在冲刺阶段的快速复习阶段，帮助考生形成知识体系的闭环。到了冲刺阶段，即便你觉得自己学得很不好，其实对知识也是有一定的掌握的。这个时候如果还是按部就班地翻看讲义，会有很多精力被浪费在已经学会的内容上。在冲刺阶段，就要有意识地通过特殊标记，筛选自己还没有掌握的知识点，这些知识点是最后做笔记流的素材。具体笔记流怎样去操作，我们在后面会展开讲解。

（二）听课过程中的一些具体问题

我们前面提到了听课的目的和具体怎样构建自己的画书信号系统，下面我们将介绍一下，在听课过程中会遇到的一些需要注意的具体问题。

第一个具体的问题是听课时的笔记问题。听课过程中建议先不必去记录，能不勾画也尽量先不勾画。要把精力尽量地放在关注老师说出了哪些有用的话上，这些话对应书中的哪部分内容，你自己的理解又有哪些。一旦浏览到跟自己的经验有联系的内容，马上快速以关键词标注出自己的理解。

在课上老师一直在输出，听课时所接收信息的密度不允许你有足够的时间思考。这个时候一旦你加大思考的力度，自然会错失其他的信息。而有系统地听课，最重要的是知识的体系性，而并非你对某一个孤立的知识点有多么深刻的见解。所以，课上要做的是最大限度地保障输入的效率，用简单的提示为课下输出属于自己的理解作准备。

听完课后再去有针对性地通读讲义和勾画内容。课后再做整理工作，这个时候你有足够的时间思考，对照自己预设的画书信号系统，通过勾画完成重点内容和细节内容的区分。另外，这也是一次复习的机会，对没有标注到的、没有听到的内容进行查漏补缺。如果有还不能理解的内容，就再回去听一下课。

保障自己的输入效率是一方面；另一方面也要尽量屏蔽无效的信息。所有偏离了你目标的信息，对你来讲都可以叫无效信息。比如老师讲的段子甚至道理，这些内容对老师来讲是成体系的，与他自己的知识结构和思考相关联，但是对你来讲这些信息都是孤立的。一些你不能感同身受的段子或者孤立的道理，对你而言可能与吸收新知识的难度无异，而这些信息实际上对理解知识点又不是很有帮助。与其把思维浪费在无效信息上，不如多去以自己的经验转化理解所面对的知识点。

学习是用你自己以往的知识结构去理解新的知识，不是用老师以往的知识结构去理解，搜肠刮肚地借助自己的经验完成初步理解，要比记住老师的段子重要得多。一两个知识点的联想可能效果不明显，但是长期坚持下去，你就会形成习惯。这个快速用自己的知识结构去理解新事物的习惯，会让你受益无穷。所以，在听课时遇到无效信息一定要加速或跳过。这也符合我们打破惯性的要求。

第二个具体的问题是如何跟上老师讲课的节奏。讲义的作用是用文字详尽论述每一个问题。但在讲课过程中，老师不一定完全按照讲义去讲解，有的老师会忽略一些很基础的内容，有的老师讲课时会联系前后的知识点。老师的讲义和课件一起构成了其逻辑体系。每一位老师讲课的侧重点都会有所不同，对于考生来讲，跟上老师讲课节奏最好的方式肯定还是回归讲义。因为讲义里的编排和内容都是老师字斟句酌、深思熟虑的成果。

如果老师不按讲义上的顺序讲，你就要快速定位知识点在书中的位置。如果涉及前面已经学过的知识点，你发现自己完全听不懂，那就要暂停一下，翻到对应内容快速看一下，将前面的内容与眼前的内容建立起联系。这些前后联系既是复习的好机会，也更符合我们建立学科体系的目的。对于后面还没学到的章节的知识点，不要加速听课，而应认真听一下，建立初步的认知，不要稀里糊涂就加速听过去了。

有的老师会在一节课后对本节内容做一个简单的总结。我们课后要做的重点固定可以借鉴老师的总结思路。

第三个具体的问题是关于听课的时间投入。关于学习方法和学习效率的所有思考都建立在时间资源有限的基础上。所以在时间投入上，我们也要有一个明确的限度。大原则可以定为把预习、听课、课后整理压缩在大概一节课件的时间内完成。这里面包含了快速预习、有目的地听课、听课过程中加速或跳过无效信息、课后快速整合重点提取素材等学习动作。

课上的时间有几个具体的小点需要注意。

老师讲到书中案例时，一般会描述一下案情。这个时候，不要怕浪费时间，要暂停一下去阅读。有意识地以文本分析的形式训练自己阅读案例，提取案情要素或者画法律关系图。如果读懂了就可以跳过老师讲案例的内容，如果没读懂就再去听老师讲解案例。

对于细节内容，课上的目标只要能看懂就行，标注好自己的理解，不用记忆。初次学习记下来不是目的，一些浅显易懂的概念会随着后面接触的次数变多，自然就会记住。

对于备考时间很少的考生，可以利用官方 APP、B 站、喜马拉雅等平台，在低效时间听课，以增加听课的频次，比如坐地铁、等候等碎片时间。这些碎片化时间如果没有办法利用起来做一些有意义的思考，就可以都用来听课。同时，可以借助各平台自带的电子笔记功能进行初步的记录，然后利用高效时间再去做整理。这样，可以把省出的大块时间留给看书和做题，总比无目的地浪费时间要好。跟随着老师的讲解，一遍不行就听两遍。这样的低效时间做记录、高效时间做整理的方式也可以在一定程度上提升听课效率。

总之，听课是一种必要的辅助理解的手段，但这也是相对低效的输入方式。尽早地投入更多思考，让输出介入学习过程，才能最大限度地保障听课效率。从而为后面的整理和复习打下坚实的基础。

第十二章　主客一体复习的核心是对输出的刻意练习

　　输出对理解和记忆的提升是显而易见的，我想每个人一定都有过类似的体验，比如你给别人绘声绘色地讲了一个"八卦"，可能过了很久也不会忘记。输出可以促进输入的效率，输入增加又进一步推动输出的效率提升，这是一个正循环的过程。很多人一听输出就会以为是长篇大论地写作或者进行语言表达。其实，输出并不像我们想得那么困难，它离我们也不远。你所有对思考过程外在化的动作都是在输出。不管是写出来、说出来，还是客观题考试中点击的一个选项，这都是输出。

　　输入是你从大脑之外获得信息的过程。输出是信息进入大脑，大脑进行思考、加工和存储，把你的理解表达出来。当然，输出肯定还要结合记忆的规律才能发挥真正的作用。你只有对一个内容反复输出，多次提取记忆，才能把一时的理解，转化为真正的知识储备。

一、训练输出的意义

我们都知道法考是一年两考，主观题考试和客观题考试之间间隔一个月左右。客观题考试更多的是要求输入的效率，也就是尽可能地知道更多的内容。客观题多数题目考查的是对孤立知识点的理解。在考场上，即使你记忆不牢固或者理解不够深刻，你也可以结合题干、选项和自己并不完整的记忆，通过对比选项，利用排除法等方式做对题目。而主观题考试跟客观题考试的考查角度差别就比较大，前者考查的是成体系的输出、你对一个案例分析的解题思路和相对规范的表达。

主观题对体系思维和综合性的要求要远高于客观题。甚至有很多客观题得高分的考生会在主观题阶段折戟，主要原因也是输出能力和知识体系没有真正形成。一部分参加过客观题考试，但是主观题没能通过的考生，应该对客观题考完试后自己完全茫然的状态和一句话也写不出来的痛苦深有感触。

每个人的备考时间投入、法学基础各不相同。对于很多人来讲，在准备客观题时可能无暇顾及主观题。甚至都完全没有时间去研究一下主观题的考试形式、解题方法、考点范围等。这样以懵懂的状态进入主观题备考，过程一定会相当痛苦。

虽然在老师前期的讲义以及授课过程中，对于主观题的考点都会有一些提示，但这些提示绝对不足以给考生足够的思考和训练空间。一旦陷入了知识的海洋，客观题备考阶段大部分人是很难投入足够的精力或者是不敢投入较大的精力在主观题备考上的。

但大家想想，在司法考试还没有改革为法考的时候，本来不也是主客一体备考吗？不能因为现在一年两考，且客观题不那么要求输出能力，考生自己就放松了对输出的训练。

实际上，客观题备考和主观题备考并没有本质差别。通过本章内容，希望能够给大家建立一个把输出融入客观题阶段学习的思路。通过建立明确的指导原则，使输入更加有目的性，从而达到在客观题阶段就建立较为完善的知识体系的目的。我们一再强调知识体系就是解题思路，反复梳理知识体系可以让自己不管是在解客观题还是主观题时，思路都变得非常清晰。

主观题备考需要准备的是：利用文本分析能力拆解案例、读懂题目；以更综合的整体视角形成一个案例的分析思路；以较为完善的知识体系，清晰地定位考点；以相对规范的格式和"法言法语"，写下你的答案。要达成这些目标，就需要把自己在书上的每一次记录、对每一个客观题选项的思考以及笔记上的每一句话都视为在主观题考场上答卷。尽可能多地进行思考活动，尽可能多地把思考过程用相对规范的语言写出来。你的输出能力会在这个过程中一点点练就。等客观题通过后，自然可以平滑过渡到主观题备考，真正实现主客一体复习。至于具体怎么备考，你根本就不用担心，如果你不断给自己提出问题，把每一次输出都视为考试，到时候你自然会知道怎样备考主观题。

二、输出的形态及方法

当你不把听完一节课作为学习目标，而是把听课和看书当成准备输出素材的手段，你就可以更加有效地听课和看书，逐渐形成一个从输入到输出的学习闭环。输出闭环的起点是思考，输出闭环的终点不仅是表达出来，更需要把表达记录下来。

想要输出，有明确的输出意识肯定是第一步。要不断问自己，现在在做的事情到底是不是在输出？比如刷题，如果你一天刷 100 道题，却不对错题进行总结，也不回看讲义，只追求数量，那这样的做题也不能算是输出。刷题的终点应该在把错题解析整理回讲义或笔记对应的位置。当然，我们并不是否定大量刷题的作用，也不是强调一定要把错题解析整理到什么程度。如果你能保证对每个题目的思考深度，哪怕不整理解析，一样可以通过量的积累达到记忆的效果。实现学习目标的路径肯定不止一种，但是我们此处不讨论更多的情况，只从学习的本质出发，研究怎样更好地发挥输出的作用。你可以在自己讲义的每一页书都写上"不忘输出"这几个字。输出的形态可以是文字、语言、行为等，但其核心一定是思考。没有思考的表达就不能算输出，没有记录的输出也不能算高效。

从你面对一个学习内容那一刻起，只要你已经开始产生疑问，开始记录自己的理解，你就开始了输出。在输入的同时就想着怎样把自己以往的所有经验都调动出来，去理解当前的内容。这个时候的记录可能都是碎片化的。一般地，输出的形态是听课时在讲义上批注的内容或者是只看视频或音频时，利用 APP 自带的笔记功能随时记录的一些思考，包括我们前面讲到的画书信号系统，这些都是在为阶段性的输出准备素材。有了这些对具体知识点以及体系逻辑的思考作为基础，我们才可能把每一个章节、每一本书编织成头脑里的知识网络。把新知识和旧知识捆绑在一起，我们再去调用的时候就能更容易地把它们提取出来。

从备考学习的过程来讲，我们需要把输出分清层次和步骤，通过分解任务，完成对学习内容的初步理解。之后的反复翻看、整理错题解析、整理笔记等学习动作都是在完善这个初步形成的理解。输出的层次，并不需要特别明确地区分，我们下面提到的一层、二层、三层输出可以同时进行，素材越多，在做整合性的输出时就越轻松。

一层输出，就是把你对每一节课的初步重点提取整合成一章内容概要，包括本章在讲什么或者在解决什么问题；然后利用对每一章或者每一个专题内容的总结，整合为一篇大概几千字的文稿。这篇文稿是一层输出的形态，它输出的是你自己对一本书的具体内容的逻辑和理解。这个就是你通过思考得出的一本书的框架，简单类比的话，你可以把它当做是对目录或者一本书知识体系图的扩充。虽然目录是现成的，各种思维导图也随手可得，但那些内容终归不是以你的思维为起点做出来的。以现成的目录或者知识体系图作为基础搭建知识体系，容易陷入死记硬背的困局。而一旦你投入了极大精力把你记录的那些自己的理解梳理成为完整的文稿，经过不断练习之后，你对整个知识体系的理解会更深入，进而再逐步地细化，会更容易记忆。

二层输出，是对初步重点提取的进一步扩充，明确每一个一级标题在解决什么问题，理解或者考查的角度有哪些。比如，一个标题就是在展开解释核心概念的多个角度，另一个标题是在展开解释一项制度的具体程序。总之，每一个大标题都一定有它的主题。二层输出依然不要过于纠结细节的内容，把核心的理解角度提取出来即可。通过对二层输出的掌握，我们大概可以做到闭上眼睛就能想起一个内容在哪一章、哪一节、什么位置以及大概在讲什么。

一层输出和二层输出加在一起的可能文字量也就是万八千字，但是这些内容已经把核心重点都提取出来了。这些经过整合后的内容会有很多关键词的提示，它们源于你的思考，你可以很容易地就把一个关键词和书上对应的内容联系起来。可以说，一层、二层输出对应的知识点内容足以覆盖一半甚至更多考点了。

三层输出是可以跟二层输出同步进行的，针对的是一层、二层输出之外的所有的细节问题。比如，书上某一种法定情形，可能涉及七八种。这七八种情形也许没有什么理解难度，主要就是要记忆。你的问题就应该是怎样更好地把它们记下来，是去找老师编的口诀？还是自己编一个顺口溜？再比如在做真题时，你发现是因为你没有掌握某一个理解的角度，那就要把这个理解角度补充回对应的知识点，然后把对这个知识点的理解转化为一个问题，记录在书上或笔记上。

总体而言，不一定所有的内容你都能串联起来并放入一层、二层输出，那剩下的细节就需要转化为一个个问题去解决。一层、二层输出作为稳定的基本盘，能让自己思路清晰、信心十足；同时也能够让听课、看书等学习动作更有目的性。三层输出深入细节，通过向自己提问，让自己有针对每一个细节进行表达的思路。这样坚持训练下来，就不怕自己面对主观题时没有思路，也不怕写不出内容。看到此处，你可能会说：听起来好难啊！我要告诉你：做起来更难！但是这并不是让你把法考的所有内容都搞懂，你只需要目标清晰地去做，哪怕做得不够好，也足以甩开那些在知识点的海洋里盲目挣扎的考生了。

另外，本章展现的内容主要是从听课、看书的角度，正向整理自己输出的内容。做真题和记笔记同样也是在输出自己的思考，我们会在后面章节具体展开。

第十三章　怎样做真题练习

一、真题的本质

　　备考的终极目的是通过考试，但这个目的有点儿抽象，没有办法很好地指引备考。具体一点儿说，备考目标应该是做对考卷上 60% 以上的题目。怎样能够一点点靠近这个目标呢？当然是详细研究历年真题。

　　备考过程中，真题的重要性是毋庸置疑的。如果你能认真做三遍以上历年真题，通过考试的概率一定会比没有做过的考生高。但我们一直都强调，真题虽然重要，但它只是学习任务中的一项内容而已，不要认为只要真题做得多，就一定能达到某种效果，就可以放松或代替其他环节。更何况，很多人对真题的利用本身就是错的，做再多题也不一定能起作用。

本书不讨论一些"唯真题论"的观点，我们要从真题的本质出发，来研究适用于所有人的真题使用方法。如果你去网上搜索备考经验帖或者备考方法论，你会发现有很多建议会简单地把做了多少真题，跟法考通过与否建立因果关系。但其实只要你简单分析一下就能想清楚，这两件事情只是关联可能性较大，并不存在绝对的因果关系。随便搜索一下你都能看到，有很多投入很长时间、题目做了很多的考生都没有通过考试。别人的经验都是叠加了别人的思维和基础，你可以复制别人的计划安排，但是复制不了别人的思维。所以一定要正确认识真题，好好利用真题。让真题在你的备考基础之上发挥应有的作用。

法考作为一项资格考试，它不需要你学会全部知识点，只需要掌握60% ~ 70% 的核心重点，基本就可以通过。我曾经看到高考的命题专家提过一个观点：高考考试中 85% 以上的题目，都是考查对基础知识和核心重点的掌握。如果一个考生能够把基础知识掌握牢固，精研一两本习题集，就足以考上"211"甚至"985"院校。我想，这个规律适用于所有考试，考题绝对不是只针对学霸出的。命题人需要考虑所有层次的考生，对基础知识和核心考点的考查一定会占相当的比例。

所以，我们要明确，考试的特点是永远会以最基础、最核心的考点为骨架；对这些考点的理解是我们应对考试的基础。

进一步讲，我们要考虑的就是哪些内容是核心高频考点以及应如何掌握它们。历经多年考试，其实很多核心重点可以出题的考查角度，已经考得差不多了。虽然很多考生反映现在题目的综合性变强了，但是针对核心考点，题目的考查角度基本上很难超出历年真题的范畴。而每一年真题考查方向的变动，都会被老师们敏锐地抓住，进而把新出现的理解角度、考查方式等融入讲义和授课过程。在讲义上，一些标注了波浪线以及"注意""细节"等字样的特别提示和案例，其实对应的都是历年真题的考查角度。可以这样讲，把书上已经提示到的核心考点的考查角度掌握住，就是抓住了考试的基本盘。

至于一些新增考点，可能没有往年真题作为参考题目；但是一般新增考点的考查深度都会有所控制，只要把老师讲到的点理解到位就可以了。有精力的考生可以做一做针对新增考点的模拟题；精力不够的，其实可以不做。我们的备考原则一定是先稳稳抓住基本盘。现在题目变得这么少，新增考点的占比相对来讲还是很小的，所谓的新增必考在考试中起不到决定性作用，只能是锦上添花。

从某种意义上来讲，把握考情这样的宏观问题不是考生应该做的事情，而是老师们的研究任务。如果老师都没有能力研究到位，那考生更加不可能做到。法考的目的不是为难考生，只是为了筛选一部分学得没那么差的考生，给他们一张法律行业的"入场券"。基于此，考生的任务就应该是描绘自己的知识体系，一个重点一个重点地去攻克。

所以，我们可以得出一个结论："故纸堆"里能淘到宝藏，知识点才是真题的根。

二、怎样利用真题最有效

历年真题的作用主要有以下几个。

在正向学习之后验证自己的理解，通过对错题的分析和反思来完善自己对知识点理解的角度；

通过测试的形式，反向提取记忆，让大脑对知识点的印象更加深刻；

做完真题后，通过将错题解析和自己的学习成果对照，将解析融入自己的知识体系；

通过积累一定量的练习，训练自己的题感。

不论你是正向地把知识点记住，还是反向地做大量的习题，只要将来能做对考卷上的题目，这些学习动作都是可以的。不管怎么做，本质上都是为了掌握更多的理解角度。前面我们就提到尽量从第二轮全面复习开始再大量做题。下面我们就结合真题的作用，分析一下应该怎样利用好真题。

首先，从真题材料的角度来分析。一般我们做题有两个主要渠道：一个是纸质书籍，另一个是培训机构官方 APP。

建议首选自己各科老师的纸质版书籍，做第一轮的训练。一般有一定知名度的老师，其出版的真题书籍，解析写得都不错。纸质版书籍的最大好处就是解析得足够详尽，从概念、法条到关联知识点、解题思路等方面都有展示。

APP 在解析方面则要弱一些，但是好在使用更为方便。你可以随时随地利用碎片时间做题。APP 刷题有几个弊端要提示一下：一是在你的刷题场景下，可能手边没有书，这会导致你刷到不确定的知识点时可能看一下解析就过去了；二是在刷题的时候，根据 APP 一组一组出题的设置，你很容易就会把重点放在量上，而忽略了对题目的认真思考。

我们平常做一道题加上看解析也就需要 2 分钟左右，所以可能坐一趟地铁或者午饭后，你都能做出 10 道甚至 20 道题。你可能会因为自己做题数量的增加产生满满的获得感。但这样是很危险的。你会以为自己达到了做真题的目的。但其实做题根本不是目的，做题只是完成整体备考目标的众多手段之一。

其次，真题的价值体现在，你不应该以做多少题作为评价标准，而应该以自己通过真题怎样加深了理解，丰富了知识体系作为评价标准。毕竟最终到了考场上，你还是要以整体的掌握程度作为自己应对考试的基础。这是很多考生的误区，也是我为什么反复强调不需要太追求做题数量的原因。

对知识点和知识体系的理解，就像游戏里的地图：你没走到的地方就是黑的；你只有探索到那里，并且在那里建立了自己的领地，你才会对那个地方拥有视野。盲目刷题，相当于没有建立领地，跑来跑去，虽然很多地方你都去过，但是只要你不待在那里，那个地方就又变黑了。

那么，具体应该怎样做题？做完题应该怎样总结才能最大限度地榨取一道真题的价值呢？

我们可以再回顾一下学习的整个过程：输入—存储—输出—再加工—再输出，也即在听课、看书时完成有效的输入—存储理解的过程和结论—通过练习历年真题，分析题目中给出的线索，提取对应的理解—通过将错题解析与讲义知识点对照，对原本存储的内容再加工，保证下次遇到同样考查角度的题目不至于做错。

最后，提取记忆和加深理解是做真题最核心的作用。基于这两点，我们可以把真题大概分成两类：一类是只需要记住考查要点就能够做对的题，可以称之为简单题；另一类是需要对知识点进行一定的综合，需要理解判断的题目，可以称之为难题。其实还有一类题目是超难的题，一般在刷题 APP 上看到全站正确率在 20% 以下的就是超难的题目。这类题目，你在做过之后也不必深究。我们参加法考的目的是通过，完全不需要用这些超难的题目折磨自己。所以对这样的题目果断放弃即可。

　　简单的题，其本质就是几个孤立知识点或者一个知识点模块内部的知识点辨析。例如：关于可撤销的民事法律行为，请论述四种情形下的权利人主张撤销的期间和起算问题。题干对应的是其中某一种情形，那么只要你能分辨这个情形是胁迫、欺诈还是重大误解、显示公平，然后把对应的期间、起算问题记住了，题目就不会做错。

　　其实很多知识点的理解角度就那么多，它不管是出现在哪个题目、哪个选项，基本就是那几个考查角度。比如刑法中的当然解释，只要你记住一句话：出罪时举重以明轻，入罪时举轻以明重，要有比较关系才涉及当然解释。那么，不管题目的选项换了什么样的情形，你都可以用上面这句话去判断对错。这些具体的知识模块，只需要一个一个去消化，掌握得越多，做对题的概率就越大。

　　所以，简单题不必纠结当时的对错，只要把选项对或错的原因以及自己思考过程的漏洞在哪里等情况都记录下来，后面还有很多时间可以梳理这些思考过程和翻看这些笔记。

　　在考场上，简单的题目做错是很可惜的，所以我们还要注意以下几个小问题。第一是定位考点的问题。读题不细，即定位考点发生错误，会让你整个思考过程都是错的，也就是，你要保证自己跟命题人在同一个频道上。不仅要提取题目中的核心要素，还要注意修饰限定词，结合题目整体内容，把题干分析清楚。第二是审题不细心的问题。这个问题很多人都会有：把选错看成选对；读到第一个选项就确定这个选项是对的，直接就选择答案。我想这样的事情很多人都干过。我在考试时清楚地知道自己有这样的问题，所以别人进考场都在草稿纸上抓紧默写几句口诀，我在草稿纸上写下的是：一定要看一眼是选错还是选对。正确努力不仅仅是说要用正确的方法学习，更要有正确的技巧，把精力用于更能保证提分的部分。

基于以上论述，你可以把这样的题目视为对你一轮理解的复习。如此，你就不用关心做题的正确率，只要知道了这个考查角度，回到讲义标记好，多看几遍记住就可以了。我没有研究过题海战术，但是从原理上来分析，题海战术的本质应该也就是通过大量重复做题，记住核心知识点，就抓住了考试的基本盘。

难题更偏重于考查考生的理解和综合能力，所以难题一般都是真正需要运用一定的思维模型进行分析的案例。我把这个类型的题目和主观题的做题思路大概融合一下来进行解释。案例题是未来考试的趋势，我们看以前的题目，四个选项中每个选项的小案例案情描述都只有一句话。但是现在考试选项中的案例描述都变得比较长，这对考生的文字分析能力的要求就越来越高。

这样的题，题干长、主体多、行为多，确实会出现有考生连题都读不明白的情况。但真正的案例分析题本质也就是这样了，你只要能把核心要素提取出来，用一定的逻辑分析把法律关系理清。案情理清后你会发现，题目考查的还是对知识点进行理解的某几个角度，只不过是披上了复杂案情的外衣。另外，难题的设问和选项会具备更强的综合性，考点不是某一个模块的一两个知识点，而是很多不同模块的知识点放在一起用来考查你的综合能力。

解难题主要就是要把案情分析清楚，这就需要我们训练几种能力：一是需要利用文字分析能力来拆解题目；二是需要运用"8w2h"分析法提取核心要素；三是把要素按照时间轴或者关系图的形式进行可视化呈现。如此，你眼前这样一个篇幅很长的题目就变成了一幅图，根据设问在图上找到对应的点线关系解答就可以。

整理案情有两个方向。第一个方向是案情时间有跨度，且有一些明确的时间提示，或者行为有明显的先后顺序，这样的案情可以以时间轴的方式来呈现。如果多个主体的行为其先后顺序都非常明显，可以采用上下对比的方式去展开。比如，一个横轴的上方是一个主体的时间轴，下方是另一个主体的时间轴，如果涉及横向的时间区间问题，就在时间轴上直接用括号把这段区间连在一起，就能看出区间与区间之间的差别。时间轴的变体是程序轴或者叫流程轴。做诉讼法的题目时，可以按照程序推进的过程或者先后顺序梳理案情。这样可以很清晰地看出具体在程序的哪个点有问题。

第二个方向是主体很多，相互之间关系复杂，这样的案情可以以关系图的方式呈现。关系图一般以题目中出现次数最多的主体为核心展开。该主体相当于整个案情的中心，谁都跟它发生关系，一个主体就是一个框，框之间的连线标注它们之间的关系、状态或行为，不管是上下结构、左右结构还是环形结构都可以，主要是能够快速浏览案情，选择一个合适的结构做到更方便查找核心要素即可。

真题示例：2013 年卷二 86-91 题（图 13-1）

甲于某晚 9 时驾驶货车在县城主干道超车时，逆行进入对向车道，撞上乙驾驶的小轿车，乙被卡在车内无法动弹，乙车内黄某当场死亡、胡某受重伤。后查明，乙无驾驶资格，事发时略有超速，且未采取有效制动措施。（事实一）

甲驾车逃逸。急救人员 5 分钟后赶到现场，胡某因伤势过重被送医院后死亡。（事实二）

交警对乙车进行切割，试图将乙救出。此时，醉酒后的丙（血液中的酒精含量为 152 毫克 /100 毫升）与丁各自驾驶摩托车"飙车"经过此路段。（事实三）

丙发现乙车时紧急刹车，摩托车侧翻，猛烈撞向乙车左前门一侧，丙受重伤。20分钟后，交警将乙抬出车时，发现其已死亡。现无法查明乙被丙撞击前是否已死亡，也无法查明乙被丙撞击前所受创伤是否为致命伤。（事实四）

丁离开现场后，找到无业人员王某，要其假冒飙车者去公安机关投案。（事实五）

王某虽无意替丁顶罪，但仍要丁给其5万元酬劳，否则不答应丁的要求，丁只好付钱。王某第二天用该款购买100克海洛因藏在家中，用于自己吸食。5天后，丁被司法机关抓获。（事实六）

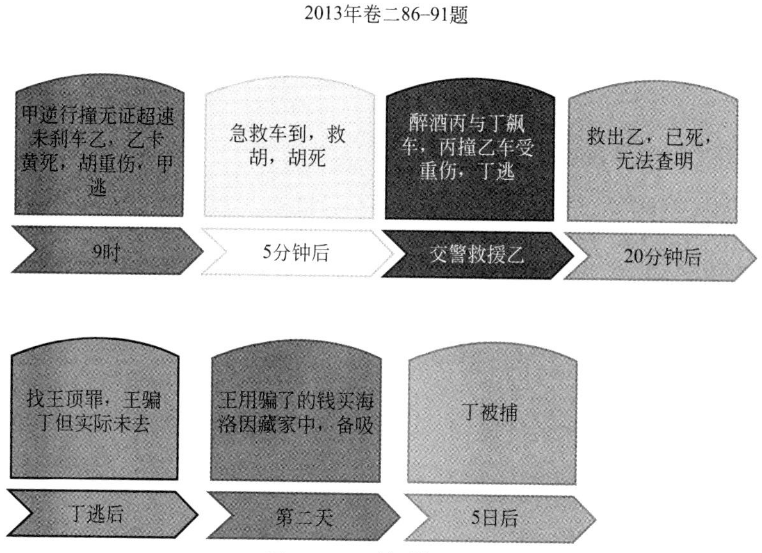

2013年卷二86-91题

图 13-1　时间轴图示例

真题示例：2013年卷三 第7题（图13-2）

甲公司为乙公司向银行贷款100万元提供保证，乙公司将其基于与丙公司签订的供货合同而对丙公司享有的100万元债权出质给甲公司作反担保。下列哪一表述是正确的?

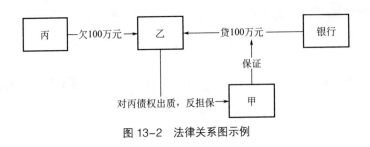

图 13-2   法律关系图示例

　　每个人对不同科目的掌握程度不一样，做错题的原因也不一样。但主要原因无外乎是考点没记住、概念没理解、解题思路不清晰、无法回溯到对应的知识点等。我们主要来分析一下怎样通过做题后对解析和讲义进行梳理，由此完成思维模型的搭建和演练。

　　我一直在强调知识体系就是解题思路。这个体系不一定是整本书的知识体系，在每一个知识点的周围都围绕着解决对应问题的体系，也就是思维模型。从不同的角度切入就会有不同的模型。而每一次通过做题所体现出的问题，回到讲义的完整梳理，都是在演练一次思维模型。想要对知识点达到理解性记忆或者想要在客观题向主观题转换时轻松一些，就需要把这种演练渗透到自己解决每一个问题的过程中。一个知识点会出现在不同的思维模型中，这就是在不断重复。如果它是一个重点知识点，那你自然可以在更多模型中看到它的影子，不用怎么费力就能记住。

　　能够输出，一方面固然需要这个知识点存储在你的大脑里，更重要的是你进行过多次的演练。只有对这个思维路径有足够的演练，你才能在需要时更快速调取它。不断向自己提问，以问题引导自己发现细节，是我认为可以演练思维路径的方式。下面我们就来简单分析一下，怎样在做完题目后整理考点，完成思维路径的演练。建议大家整体做一个章节或者一个部分的真题，然后统一核对答案，梳理知识点，这样更容易形成整体的体系框架。

① 一道题目，不管你是因为什么而做错，你总会有一定的思维路径。在看解析反思时，你一定会有 "自己到底是哪里想错了" 的思维活动。不管原因是什么，一定要把自己错在哪里的思维过程记录下来。通过记录，识别自己的问题到底出在哪里。这是一个证据，也是一个基础。这样的记录可以让你再遇到该考点时，验证自己是不是真的知道之前做错的原因。有一些题目你可能选对了，但是思维路径错了，严格来说这也算是做错题。只有那些做题思维路径非常清晰的题目才算是你做对了。

简单说就是，一道题目中的 4 个选项，一般都会属于同一个知识模块。对解析中提到的知识点和考点都快速过一遍，画出关键词，并记录自己对做错或做对的思考，算是完成第一步的梳理。

② 用 1 ~ 2 分钟完成一次知识点内部的小周天。

通过看解析，你应该能知道这个模块自己熟不熟悉、问题大概在哪里。接下来就要先回看自己出现的问题对应的每一个概念。当你带着问题去回看一个概念，你的目光会集中于关键词。而之前的学习，你的目光可能更多集中在概念的整体。当然，这个概念也包括具体知识点相关的法条。

概念里面的关键词其实是考查点最多的部分。但是你就算背得滚瓜烂熟，也不一定能识别出命题 "陷阱"。通过以问题引导自己反向再去看概念关键词的理解角度，就是加深对概念的理解。多次重复之后，对一些复杂的概念才能做到真正掌握。如果以题目对照关键词，感觉理解还是不够深刻，可以上网主动搜索这个概念，以巩固自己的理解。这种主动搜索的理解效率也会很高。像一些名词在书中没有明确给出相关的概念，也不要放过，可以去主动搜索，或者是把书中关于这个名词的解释整合成一句类似概念的话。这样不仅能够加深对名词的理解，也能把相关的解释串联在一起。

如果你只是针对做错的题目去详细看解析，甚至只针对选错的选项详细看解析，那你看到的就只是一个点，其他选项对应的考查点就浪费了。所以，一定要回到讲义把每一个考点的概念阅读一遍，如果能把题目对应的考查角度记录在讲义对应的位置就更好了。这样就相当于从书写的角度又完成了一次复习。

回到讲义中：选项中的具体知识点，对应的可能是讲义中的一两页纸。书中提示的细节、注意、波浪线等字样就是需要重点浏览的内容。这些细节的理解角度其实是从概念或者一个解决问题的模型发散出来的，很多时候对应的是曾经考过的一个考查角度。

如果是后期做题，可以用背诵版讲义作为整理错题的笔记本。利用背诵版讲义中明确提示的背诵要点、考查要点等，更容易定位重点内容。同时，将其他讲义或笔记中的内容再誊抄到背诵版讲义上，也是一次梳理和复习的机会。

概念和考点提示算是我们在知识点内部快速地完成了一次小周天运行。

③ 用 1 ~ 2 分钟完成知识点在体系中的大周天。

按照我们之前讲过的一层输出、二层输出的思路，你还可以在本部分的体系中以及大的知识体系中去确定这个知识点的位置。这个时候你就可以利用之前自己记录的笔记或者现成的思维导图去思考。

比如，民事法律行为的效力体系中，一道题目可能考查的是可撤销的民事法律行为。知识点内部可能有每一种情形的概念、期间、判断要点。当把视角拉到整个效力体系，或者从民事法律行为发展历程的角度来看，成立、生效、无效、附条件等内容都可以快速浏览一下。

同时在整个效力体系中，民事法律行为的效力向上追溯是民事法律行为、民事法律关系、民事法律事实，向下追溯可以梳理出哪些法律关系的变动是由民事法律行为引起的。每一个问题在体系中运行的路径不能无限扩大，要以一个你自己能提出的问题为引导，在限定时间内快速完成。大概的方式就是，问自己这个知识点的体系位置在哪儿，然后你可以以书中的标题结构或思维导图中的体系结构作为辅助，或者可以快速翻书，去找与这个内容有关的信息。在大脑中快速运行体系逻辑。一次两次梳理你可能没有太大感觉，但是如果你对每一个问题都能这样去梳理，你可能会发现更多的细节知识点。

概念是在讲一个具体的知识点在解决什么问题，体系则是在展现为什么这个知识点能解决这个问题以及怎么解决这个问题。

第十四章　怎样建立笔记系统

如果被问及会不会记笔记，可能每一个人都会觉得：笔记有啥不会记的，我从小学习就开始记笔记了。

但是，你真的会记笔记吗？记笔记的核心是辅助自己思考，借助记录梳理自己头脑里的体系。很多人却记着记着就变成抄书了。希望有了前面章节的讲述，关于初步重点提取和输出的铺垫，能够帮助大家建立起真正高效的笔记系统。

正常来讲，只有第一轮学习中，听课时是不必须记笔记的。这是因为第一轮学习要保证尽快完成和听课时集中注意力。所有的记录都可以以讲义为蓝本，在讲义中按照我们讲的信号系统去勾画。

从第二轮全面复习开始，就要整理笔记。刚开始的整理也不难，因为如果有了前面的重点提取，第二轮复习就是把这些内容再重新梳理一遍，该填充的填充，该修正的修正。这个时候你已经具备了一定的框架和体系思维了，再加上通过做题修正了理解，你就可以在这些基础之上，高速运转大脑，反复翻书，把这一部分的内容进行快速联系，然后落笔记下属于你自己的理解。

记笔记是思考过程的外显动作，所以一定要先有思路后动笔，换句话说，就是无思维则无笔记。你可能经常有灵感，但不记录下来就会忘；哪怕你当时理解得再清楚，时间一长也会遗忘。把思考过程记录下来，也能更好地对抗遗忘。再复习的时候就是以笔记为起点，而不是从零开始一点点梳理。

当你第一次学完一个内容后，之后做的所有动作都是为了复习和巩固这个内容。记在笔记上的每一个字如是，每一次翻看讲义如是，做每一道真题和看解析纠错也如是。这些动作全部都是为了把你大脑中的那个知识体系图画完整。所以，我们要在记下笔记后不断地梳理、修改笔记。每有所得都把相关思考过程补充到笔记上。到最后冲刺阶段你会得到一个已经浓缩的、属于你自己的背诵版讲义。这个讲义你从备考第一天就开始翻看。如果你能做到：以笔记为引导在大脑中可以浮现理解；看讲义时可以快速定位理解；把理解提炼、浓缩为笔记上最精练的结论；表明知识体系已经在你的大脑里成形了。

下面我来描绘一下笔记在整个学习过程中应该有的形态，供大家参考。

在进行第一轮学习时，每一节的初步重点提取，你可以在课后记录在书上，其实也可以记录在笔记上。需要注意的是，听课时一定不要动用笔记本，而要在课后整理。这可以算是笔记的初始状态。

与这个笔记同时完成的其他记录，都是在书上标注。不管你是习惯于看电子书还是纸质书，必须不断地在书上写出自己的理解，把书上的内容尽可能多地转化为自己知识结构内熟悉的内容和表达方式。如果不记录，只有画线，会被大脑判定为已经学过了。结果就是，你以为自己学会了，但其实并没有学会。

由于笔记内容很少，所以你每天都可以把前面的内容整体翻看一遍。这样在学完一个部分的内容后，你就可以随时将自己已整合过的思考记录下来。比如刑法的犯罪论，你可以在客观阶层学完总结一下，主观阶层学完总结一下。这些整合在一起的理解和你的其他记录会从不同的角度提示你对这部分内容的理解程度。

我们的笔记可以把正面和背面分开设置：正面记录不断完善的重点提取；背面用于记录细节问题，这些细节问题可以是你自己根据书上的内容设置的简答，也可以是对应你做错题时一个理解的角度或者思考路径。这些细节问题和正面的重点提取一起构成了你对一本讲义的全部理解。

在具体操作方面，你可以准备一个康奈尔笔记的活页本，可以一个科目用一本或者两个科目用一本。正面主栏记录重点提取；侧面栏写关于重点提取，自己编的口诀或者提取的关键词，以便将来翻看到一定程度可以达到复述；底栏写自己随时想到的对本页内容的思考和联系。每个部分的记录，中间还要预留两行空白以备将来补充内容。如果需要补充的内容太多，就可以直接添加一页活页纸进来，或者直接重新整理、重新记录。每一次的整理过程对你来说，都是一次思考的过程，这样才能真正完成头脑里知识体系的梳理。

　　笔记背面记录细节问题时，不必完全抄写，可用关键词提示或者直接标注书上的页码或题号等内容（如图14-1所示）。这些问题有助于在熟练之后，直接拿问题训练复述。这样做也是一个可以减少刷题且通过正向掌握考点的好办法。

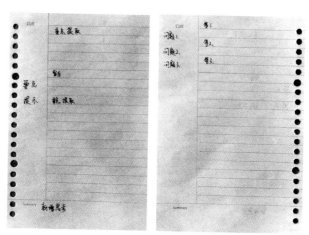

图14-1　笔记示例

　　最后，我要给大家介绍一个笔记形态，可以将其称为笔记流。

　　笔记流有以下两种用法。

　　第一种用法是用于学完一个科目之后，用默写加翻书的形式串联知识体系。把大脑里已经掌握的知识尽量联系在一起，形成知识网络。在做总结笔记流的时候，要尽量从默写开始，以之前已经掌握到一定程度的框架为基础。用最精练的语言或关键词，一点点按照全书的逻辑去写出主要考点的大概内容。笔记流不注重形式，可用最密的排版、最小号的字，用尽量少的纸张完成梳理。如果方便可以买大的A3白纸，正反面去写，有可能一个科目只需要一两张白纸。如果你能完整地写出这样一份笔记流，那对你的知识体系梳理甚至是信心建立都会非常有帮助。

第二种用法是用于考前冲刺，筛选自己掌握得还不是很好的那部分内容。这个笔记流形式和上述形式差不多，也是最精简的排版，争取在尽量少的纸张上记录自己还掌握得不是很好的考点。在考前 15 ~ 20 天左右可以针对每一科都整理这样的笔记流。这个时候就要快速翻阅自己所有的学习成果，给自己掌握得还不太好的知识点做上特殊标记。然后开始逐个去梳理。比如我当时备考时，就是在之前复习翻看的时候，有意识地用红笔打对号的形式标注出自己的薄弱点。到最后阶段很快地就完成了笔记流的整理。8 科一共整理出 20 页 A4 纸的内容，在考试前的那天晚上和第二天中午，我没看任何押题材料和冲刺背诵材料等，只翻看了自己整理的这个材料。通过这样的整理，可以把复习内容中的思维断点尽量接续上，也是让知识体系形成最终闭环；也让我能信心满满地走进考场（图 14-2）。

图 14-2 笔记流示例

最后总结一下，初期学习要在听课时候保持高效率，要在书上标注很多自己的理解，听完课就把这些标注和自己画的重点，再用 5 分钟按自己的逻辑进行整合，得到本节内容的重点提取。这个重点提取你可以整理在书上，也可以记在笔记本上。第二阶段复习时需要使用笔记本，把这些大总结和前后联系得到的一些思考记录下来，这些内容都是书上没有的，是属于你自己的总结。可以在笔记本的正面写总结，背面写问题。到了学完半本书或者一本书，除了整理一层输出的文稿，还可以通过画出或整理思维导图的方式，把自己的知识体系框架搭建起来。在整个学习的过程中，我们要做的就是不断地把自己做错了题后产生的思考、翻看讲义进行联系产生的思考等内容汇聚到笔记上。让它成为你固定学习成果的终极形态。笔记不是一次成形的，而是要不断梳理、不断修改。在最后阶段可以通过笔记流，用最精简的形式提取出自己掌握得还不是很好的点。一天之内可以把 8 个科目的笔记流翻看好几遍，就这样一直坚持学到最后，你会信心满满地奔赴考场。

第十五章 法考应该怎样记忆

我要强调一点，法考是不太要求大段精确背诵的，法考主要考查的是考生解决问题的能力。很多人看到一些关于背书的建议或者看到老师们出版的冲刺阶段讲义都被称为背诵版讲义，就以为一定要安排专门的时间用于背诵，才可以应对考试。其实不然。在法考中，你把背诵理解为要点复述或者称为要点记忆，应该更准确一些。拿我自己的备考过程为例，除了在主观题阶段通过关键字提示的方式背诵了一些论述的素材，我对其他内容都是熟读，完全没有背诵。所以，在我的备考过程中没有一个可被称为背诵的阶段。备考过程中的我，就像一头老黄牛在不停地犁地，一遍一遍地针对每一个知识点模块，去梳理体系，反复熟悉。其实这也是记忆，只不过没有明确且完整的背诵动作。至于具体的梳理过程，我已经通过前面章节的论述，将其分解为具体的学习动作，融入学习安排中了。

如果你已经把课程、笔记、真题研究得差不多了，通过背诵增加记忆精度，也可以帮你提高考试通过概率，同时为主观题阶段的复习减轻压力。我想提醒大家，如果你的知识体系还不完整，甚至一些科目还完全没学，就想通过背诵解决问题，是不太现实的。

大家只需要明确一点，不背诵可以通过法考，没学完也可以通过法考，专注于眼前正在学习的内容，用最适合自己的方式掌握它，就是最好的备考方式了。

虽然我们不需要完整地背诵一些内容，也还是要把记忆的原理搞清楚。顺应记忆规律去安排学习和复习，才能让遗忘慢一点，让理解多一点，记住得多一点。

一、认识遗忘

记忆最大的拦路虎就是遗忘，想要有效记忆就要正确看待遗忘。可能很多人都听说过艾宾浩斯遗忘曲线，也知道其大概的原理，但是艾宾浩斯遗忘曲线是根据无意义字符的记忆留存度测算不同时间点的遗忘比例，对于有逻辑体系的内容显然不太适用。虽然艾宾浩斯遗忘曲线对复习频次的参考价值不大，但是它所揭示的遗忘速度是前快后慢以及可以通过重复来减缓遗忘速度的原理，是有一定借鉴意义的。

如果把所有信息都吸收，会造成大脑一定的超负荷运转，所以遗忘是人类正常的生理规律，是大脑的自我保护机制。我们可以从人的记忆流程角度先来认识一下遗忘。在我们接触到一个信息时，首先要对这个信息有感知，信息才能进入大脑，也就是所谓的感觉登记。这个感觉登记是蜻蜓点水式的，非常流于表面。这就要求我们投入一定的注意力，对信息有一定的处理，才能进一步使信息进入存储区。这就是我们前面讲到的，注意力是一切学习的基础。如果你在听课的同时还查看手机，那这个时候的课程信息很有可能无法完成感觉登记或者是仅仅达到非常松散的感觉登记。这个信息可能就只是在你大脑里被略过，压根谈不上理解和记忆。

人脑的记忆区域分为工作记忆区和长期记忆区。应对考试需要我们把尽可能多的知识点送进长期记忆区。但正常信息全部都是先进入工作记忆区，在工作记忆区经过处理、筛选，才可能有一部分内容进入长期记忆区。两个区域之间由大脑的海马体控制信息流通，大部分信息不会进入长期记忆区。只有那些被海马体判断关乎生存或者误认为十分重要的信息才会被放行。而工作记忆区的容量是有限的，你输入的信息如果超过了工作记忆区处理的极限，就会有很多信息被顶出去。这些信息可能就完全流失了。另外，长期记忆区虽然空间足够大，但它其实相当于一个没有库房管理员的超大仓库，如果这个仓库没有被很好地管理，你没有设置一定的索引系统留下提取的线索，即便信息进入到长期记忆区，也很可能会因为没有线索，在你想用的时候提取不出来。

在工作记忆区，大量的信息被后进入的信息取代。在长期记忆区，很多信息因为没有线索而被埋藏。这就是遗忘的原因。

据科学研究表明，绝大多数人的智商水平都相差无几。所谓的智商水平，在记忆力层面，更多地是指工作记忆区域的效率。我们看到考试的时候，考生之间有成绩差距，在学习时有的人理解能力强一些，有的人理解能力弱一些。这些结果的差距其实都是源于阶段性积累。如果单论短时记忆，大部分人其实差别不大。

表面上的智商差距，其实是学习方法和过往基础的差距。学完一个内容，课后不看、不做题，1个月之后才回来复习，结果可想而知。一个法学院高材生，可能复习1个月就能通过法考，你能说他的智商是复习6个月的考生的6倍吗？基础的差距没有办法短时间内弥补，但方法上的探索是每一个人都可以做到的。所以，智商差距这种说法，只是没有方法、没有积累的人给自己的借口。你不愿意去研究更高效的方法，不愿意扎扎实实打基础，怎么可能在记忆上做到游刃有余呢？

总之，遗忘是所有人都会面临的问题，不是说你的记忆力差，你就有了不记忆的理由。你越这样暗示自己，在需要记忆的时候就越会逃避。那样你离目标就会越来越远。

二、怎样提高记忆效率

其实记忆的本质很简单，就是通过有效的方式对抗遗忘。让你在需要用到一条信息时能够将其从大脑里调取出来。进一步分解就是首先要注意力尽量集中，做好感觉登记。在感知信息后，要留出一定时间去理解，把这些内容的内在逻辑搞清楚，进行编码，以降低信息在工作记忆区占用的空间。这就像叠衣服，你叠得越整齐，越能把更多衣服装进旅行箱。如果只是随便往里扔，不在放之前做好整理，那可能一个旅行箱就放不了几件衣服。短期记忆转化为长期记忆，一方面需要正向地增加重复次数，让大脑感知该信息的重要性，另一方面增加反向提取的次数，留下线索，让大脑适应这个提取的神经回路。做题、复述、默写、讲给别人听等都是在反向提取。

从神经学的角度来分析，记忆的原理是稳定神经回路的形成。这就像运动员常年训练，形成肌肉记忆的过程，你与一条信息接触的次数越多，神经回路就越稳固。当你遇到了自己通过反复训练留下的线索，自然就能触发大脑的快速反应，从而越用理解越深刻、记忆越牢固。从这个意义上来讲，做题、记录笔记、翻看讲义阅读、听课等都是记忆的手段。存储不是终点，提取也不是终点，反复提取，形成稳定的神经回路，进而能够随时调用才是一个暂时的终点。

下面我们就来分析一下，如何提高记忆效率。

我们先来分析一下理解性记忆的问题。法考的内容如此之多，就算是把大部分内容都变成口诀，想要全部记忆也是难度很高的。这就决定了，我们所谓的掌握，大部分内容应该就是做到理解性记忆。理解的哲学概念是把未知的事物与你固有认识相结合的过程，也就是我们一直强调的联想自己已有的知识结构。用更具体的表述就是，你在看到一个未知知识时，你头脑中浮现的画面是什么？通过不断训练自己的联想能力，把所有你需要记忆的内容都跟自己生活中最能直接接触的事物捆绑在一起，这就是最好的线索。

还原场景就是理解性记忆的一个好方法。比如刑法中，人身犯罪这一章有很多个罪名，但是你如果把身体这个词赋予多个维度的含义，在头脑里像过电影一样让这些维度鲜活起来。这样就可以串联起人身犯罪的各个罪名。故意杀人罪针对的是生命，是身体整体的生命力；故意伤害罪针对的是身体的生理机能；组织买卖人体器官罪针对的是身体器官的完整度；强奸罪、强制猥亵罪针对的是犯罪人想得到身体或者玩弄身体；非法拘禁、绑架罪针对的是身体的整体自由等。我们不一一列举。整个人身犯罪一章中的所有罪名，你只需要在网上随便搜索一张人体示意图，在头脑里循环几遍就能把这些罪名都串联在一起。而针对这些罪名的辨析也可以围绕你的初步联想，作进一步扩展。

再比如学习民法时，很多民事法律行为就是我们日常生活中每天都在做的行为。分析一个民事法律行为的效力，是不是也可以考虑以自己生活中一个具体的场景去推演什么情形下会构成无效以及什么情形构成可撤销呢？哪怕是你不熟悉的行政法领域或者商法领域等，其实很多内容也可以在自己每天都会接触的信息中找到线索，进一步还原、扩充之后，就能把知识点和自己最熟悉的情景捆绑。经过多次演练之后，你会发现处于某一场景或者看到某一线索时，那些知识点就会自动出现在你的脑海中。

另外，用自己最熟悉的语言系统去套用也是很好的办法。比如要区分行政强制措施、行政强制执行和行政处罚。我用自己非常熟悉的一句话去定位核心区别，这句话叫"敌不动，我不动"。行政强制措施就是"你别动，我也不动"，这代表行政强制措施的核心点是限制相对人的财产或人身，但由于还没有具体的行政决定，所以对相对人的权利暂时不作处分。行政强制执行就是"你不动，我就要动"，这代表行政强制执行的核心点是已经产生了行政决定，需要相对人履行；但若相对人不履行，行政机关自行执行或申请法院强制执行，处分相对人的财产或人身权利。行政处罚就是"你动了，我要动你"，这代表行政处罚的核心点是针对相对人的违法行为，行政机关要做出减损行政相对人权利或增加其义务的惩戒行为。至于其他的点，我们可以在掌握核心点的基础上再稍微看一下，融进这几个小短句。这样就能够一点点、更全面地掌握这个知识点模块。这个串联方式可能只存在于我的脑海里，是任何人教不了的方式，但却是对自己最有效的方式。

与这个思路类似的还有比较著名的记忆宫殿法。这个方法对记忆一些没有逻辑的或者不需要理解的知识点，也很有帮助。

记忆宫殿的核心原理是基于我们人脑对图像的处理能力要远高于文字处理能力。所以记忆宫殿就是要把你想要记忆的内容与你最熟悉的场景捆绑在一起。但是由于记忆宫殿本身就需要比较多的训练，并且整个记忆路径也更复杂一些。此处只给大家做一点提示，有余力的同学可以尝试一下。

说到不太需要理解，只需要记住的知识点内容，很多考生第一反应肯定是口诀，还有一些缩略的关键词。

比如，在刑诉这个科目里，法定不追究刑事责任的情形这一知识点。向高甲老师的口诀：显著轻、过时效、特赦、告诉和死掉。这是以比较押韵的方式让语言更有节奏感，从而提升记忆的效率。左宁老师的口诀：显时特告死。这是提取关键字，以尽量短的关键词信息，提示知识点，从而达到减少进入记忆区信息量的目的。类似的记忆策略还有很多，原理都是通过将枯燥的内容进行符合认知规律的改造，从而达到让更多信息被工作记忆区容纳，再通过不断重复，将它们送入长期记忆区的目的。

上述案例中，是通过语言中加入节奏，或者将信息量折叠的方式来改造。其他的可以采用找出内容之间逻辑联系的方式，以逻辑关系组块记忆。这个最容易让你产生体会的就是记忆电话号码，大家可能都知道电话号码要分成三个部分去记忆，也就是将十几个数字切割成了三个部分。每一部分内部的信息量变成几个字符，就符合了大脑处理信息的规律。然后，再将它们拼接到一起就可以形成完整的记忆内容。一些知识点有很多种情形，比如民诉中的常考的适格当事人，就可以分为基于连带责任、基于特定关系、基于法律特别规定等几大部分，分别记忆后再整合到一起。

如果一些内容实在没有什么逻辑，也可以自己强加逻辑，或者根据一些知识点的特点作出最适合的选择。像具体行政行为的程序，就可以通过画流程图的形式辅助记忆。

记忆的具体技巧实在太多了，我也不太提倡过多研究记忆，所以就不做更多展开了。希望大家通过以上的分析，举一反三，在记忆技巧上多思考，不要迷信任何人的口诀。最适合你的口诀，一定是自己编的。你编口诀的过程其实就是思考的过程。不断去找方法的过程，就是学习能力提升的过程。

以上是关于孤立知识点记忆的提示，我们再从知识体系的角度来分析一下整体性的记忆。给大家提供的主要思路是按照之前章节关于输出的内容进行分层记忆。先记最重点的内容，一层输出尽量整体背诵，二层输出熟读甚至复述，三层输出则结合本章提示的各种记忆技巧，选择自己最适合的方式来进行记忆。

在提高整体记忆方面，我推荐大家了解费曼学习法。简单说就是以教促学，把你的所学内容，想办法讲给别人听，遇到讲不明白或者别人听不明白的地方，你就知道这是你的薄弱点，你就可以有针对性地去复习。讲解的过程就是你大脑飞速运转、组织语言的过程，这样的主动学习，对理解和记忆的帮助要比被动学习高效很多。

费曼学习法其核心在于你是否能用任何人都能听懂的方式解释一个问题。现实学习中，可能你没有办法找到太合适的人与你配合。所以，我设计了三层输出的结构。你会发现，其实所谓的输出就是由问题转化来的，比如，本节在讲什么？本章在讲什么？本书在讲什么？这个核心概念怎么理解？那个知识模块的内在逻辑是什么以及如何记忆？其实做输出就是自己给自己提问题，当然问题不限于我提示的这些，还有很多种类型。不断解决问题就会形成一个又一个基础理解。而这些基础理解，就是你逐步自我提升的台阶。当你发现基础理解存在错误，你就需要回去翻书，修正错误，给出新的解释。这就相当于是一个单身版的费曼学习法，自己有步骤地完成解释问题、发现错误、回看讲义，直到解释清楚整个学习流程。

当然如果有人能配合你，在问题中继续提出问题，肯定会更好地帮助你完成思维能力的提升。想要把一个问题解释到外行都能听懂的程度，就需要你在解释的时候完全摒弃知识点的术语，而只保留它的原理。只有把原理真正讲清楚，才算是真懂了。

总之，记忆方法没有多少玄妙之处，你在实践的很多方式或多或少也都有这些学习方法的影子。学习能力强不强主要不是因为你是否知道某种学习方法，而是你确实在动脑感知自己每一个学习动作的效果，并且不断改进、提升。

三、怎样把短期记忆变成长期记忆

既然我们的目标是把更多内容从短期记忆变成长期记忆，并且能够在想用到它们的时候提取出来。那我们就遵循记忆的规律，继续向下拆解就好。

把一个内容从短期记忆变成长期记忆，除了要多次重复，还要经常进行反向提取。提取记忆要通过多感官刺激，提升效率。不同的刺激对应的是大脑的不同区域。多感官刺激就像小狗在外面留下回家的记号一样。你在大脑的各个区域留下了线索，当你再去大脑里寻找这个信息的时候，才能更快地找到。

朗读、抄写、录下来给自己听、画一画流程图、做真题、给别人解答问题等，有很多的方式可以提取记忆，每个人可能都会对自己的学习方法有一定的心得体会。建议大家在保持自己已有优点的基础上，尽量地去从多个角度发力。光有提取还是不够，因为你通过各种形式所提取的记忆是碎片化的，还需要整理、归纳、总结。我们的学习场景中，可能会有很多碎片时间用来做题、翻看知识点等。有的人也可能拖拖拉拉的，一个科目学习一两个月。这些内容虽然你也都复习了，但它们被散乱地存储在大脑里的各个角落。

人的大脑就像一个大仓库，你只有经常地整理，分门别类，才能更容易地找到信息。这跟我们在家里找一件衣服是一样的，你知道自己有这件衣服，也知道在某个柜子里看到过，但是你想穿的时候就是翻不着，说不上哪天在你没想穿的时候，它又突然冒出来了。所以在碎片的复习中间，随时进行阶段性整理是必须做的。这个过程就是把大脑里散乱存放的知识点，集中到一个神经群。这样你再提取的时候，就会一下提取出一整块成体系的知识点。对于这样成体系的知识点掌握得越多，你的大脑才能越来越清晰。

我一直在说，当我们学完一个内容后，你要有意识地把每一个后续的学习动作都视为复习。这样你才能把焦点放在是否还有被遗忘的不太熟悉的知识点，而不是去关注那些可能会让你焦虑的因素。

我们通过集中注意力，高效完成一轮学习的重点提取后，复习就要随时随地、不分轮次地通过多感官的刺激和主动输出展开，去增加知识点的重复次数和理解深度。你的每一次碎片化翻看都是在对抗遗忘，而阶段性的复习总结、梳理笔记等就是要把这些通过碎片化翻看从各处收集到大脑里的信息汇集到大脑的同一个神经群。这样你才能够整体调用一个部分的记忆；你才能做到一提及某个知识点，马上就能说出个一二三。当我们能说出来的越来越多，我们就基本完成了从被动学习向主动学习的转变了。

第十六章 客观题怎样向主观题转换

我们在前面章节做了很多主客一体融合学习的设计，其实如果你能在客观题阶段踏踏实实地打基础，主观题就没有什么难的，按照节奏复习就好。但是对于一些客观题阶段备考进度比较快的考生，还是有必要提前了解一下主观题的备考方式的。这样，大家的目标能更清晰一些，可以在自己已经对客观题比较有信心的情况下早作准备，提高一次性通过考试的概率。同时，本章内容也会把前面章节中关于主观题备考的学习动作具体化。希望能让每一位考生都了解主观题的大概考查要求，以及怎样在客观题阶段更好地为主观题努力。

从近几年的考查趋势来看，主观题可以分为两个部分：一部分是以习近平法治思想为核心的论述题；另一部分就是大案例分析题。

我们就从这两个部分分别入手，拓展一下备考思路。

一、论述题的备考策略

根据近几年的考试趋势，法考主观题的第一道题，基本稳定为考查习近平法治思想（2021 年前为中国特色社会主义法治理论）。虽然也不排除出现其他类型题目的可能，但你要相信，如果没有经过特殊准备，绝大部分人实际上的实力没有相差多少。千万不要用你臆想出来的场景吓自己。况且，我们这里强调的是在客观题阶段为主观题作准备。这个时候我们的任务是抓住基本盘，是为了应对客观题向主观题过渡的这一个月备考期时间过于紧张的问题。如果真的是以完全无准备的状态进入主观题备考，你其实也只能放弃其他可能性。

针对第一道论述题，我们的具体动作是：第一，优先学。先通读相关内容或者找来之前的课程，学习一遍，建立初步印象。第二，抄写。把抄写当做是备考间隙的调剂。第三，用全局视角去思考。在逐渐对法治思想的框架和主要内容清晰后，与各科目的具体规定产生连接，互为促进。

具体学习过程中，要先用到我们讲的文本分析法和输出方法，把法治思想的框架提取出来。先把标题结构、核心概念、总结性的话语等内容形成一层输出文稿。将几千字的内容抄写加复述，应该很快就能做到在框架上一点击穿。剩下的就是在整个过程中全方位地联系、完善、回想。这样我们就把习近平法治思想的学习分解在整个学习流程中，就可以将理解和记忆消化于无形。

论述题的写作方法并不复杂。第一，拆解题目，用我们理解抽象概念和文本分析法这两章的相关内容，拆解出每一个关键词。第二，这些关键词，不管是单独分析还是分析相互之间的关系，都需要进一步利用你已经背下来的素材去展开解释。具体的展开解释，就可以套用我们讲过的"是什么、为什么、怎么办"这样的结构化格式去进行。一个段落内的结构，可以是先解释一下这个关键词的概念，然后解释为什么这个关键词很重要或者这个关键词的原理是什么以及怎样能把这个关键词要求的内容做得更好。这样每一个关键词的展开可以写二三百字，几个关键词分别解释，再在最后把这些解释综合在一起，做一个意义升华，千八百字就有了。

以 2016 年卷四第一题的题干为例：结合依宪治国、依宪执政的总体要求，谈谈法律面前人人平等的原则对于推进严格司法的意义。题目关键词就是"依宪治国、依宪执政的总体要求""法律面前人人平等""推进严格司法"。如果是按照三段论结构来写作，你就可以用前两段，分别在内部形成"是什么、为什么、怎么办"的三段论结构。至于这三个部分的内容具体应怎样安排，就取决于你在哪一部分能写出更多内容。然后第三段其实也是主要解释"严格司法"的意义，前两个关键词已经在上两段予以解释了，就可以在此处一笔带过，强行建立一个逻辑，就可以过渡到对"严格司法"的意义的分析。

论述题的写作思路应做到：整体结构——逻辑自洽，紧扣题目；局部结构——层次清晰，主题突出；解释素材符合法治思想主题。等你能背下来的素材变多了，你会发现法治思想的内容都是非常具有指导意义的，再结合几个月高强度学习过程中的思考，稍微做出一点儿升华的表达，也不会很难。

二、案例分析的备考策略

主观题与客观题的案例分析相比，最大区别就是前者主体多、行为多，从而导致关系多，处理路径多。但是分析历年的主观题，我们可以发现，题目的难易配置跟客观题类似。每一个案例中都有几问是相对比较简单的，有明显的难易搭配。也就是说，我们要做的还是抓住基本盘，争取把简单的题做对。另外，难题再拼一点儿分数，基本就可以保证通过了。

我们先来整体分析一下客观题阶段可以做哪些准备工作，然后再来简单分析一下案例分析题的大概备考方法。

我们此处来列举几个例子。比如整理笔记，你要做到的是把本来碎片化的理解梳理成体系。所以就需要边写边思考周边的知识点，能联系多少就联系多少。想不清楚的就去翻翻书。直到你在面对一个知识点模块时，可以达到一看就大概知道是怎么回事儿的程度。再比如整理真题的错题笔记，你要先记录思考过程；然后回到解析和讲义再看一下知识点的解释和体系地位；最后，再回归错题笔记，记录自己的思考。

这些具体的学习动作，如果你没有意识到它们对于主观题所起到的作用，那你就只是把它们写完了。而如果你把这些学习动作结合主观题的考查要求，一是存储完整的思维模型，二是演练到可以输出，那你就会在每一次记录时，都去主动感受自己的现实能力与考试要求的差距。而当你能以更高的标准去要求自己记录的每一个内容，你也就同时完成了对客观题解题能力的积累。

练习客观题就是练习主观题，谁也不是一上来就能把很复杂的案例分析清楚的。在分析客观题每一个选项时，要一丝不苟地反复运用司法三段论演绎推理；在分析简单案例时，也要一丝不苟地画法律关系图。能力都是这样一点点积累出来的。一旦你通过不断刻意练习，形成了思维模型，你就会发现大案例也可按此方法进行分析。像刑法主观题的大案例，其实你把它拆解开，一条线一条线梳理清楚，它就是一些孤立的犯罪行为汇集到了一起。每一个题目的考查角度不一样，有的考查犯罪形态，有的考查罪数，有的考查量刑情节等。分析一个大案例可能就相当于做了几道客观题。

把客观题尽量当主观题去做，就可以让每一道题发挥最大的价值。具体可以从以下几个方面入手。

第一，司法三段论推理的本质一定要搞清楚。目光往来于法律规定与案件事实之间，是对司法三段论非常精准的表达。但是我们的思维过程实在是太快了，快到我们根本无法分辨出，一个案例分析实际是经历了很多次演绎推理的思维路径。感受自己每一次推理的过程可以帮助你有意识地建立思维路径。不管是民法的以权利为核心的分析方法，还是行政法的以行为为核心的方法，其本质都是在看到案件事实的核心要素时，脑袋里快速搜索自己已经掌握的法律规定。看到法律规定时，再去匹配案件事实的具体情况。所谓"以事实为依据，以法律为准绳"，从微观意义上来讲，也可以视为在描述这个思维过程。

第二，要有意识地把案情中的要素转化为法律意义上的要素。我们知道法律事实由事件和行为组成，一般是以行为为主。考试也是一样，一般都会以行为为主去建构案例。比如犯罪行为、民事法律行为、具体行政行为等。在你的思维里，张三不是张三，而是主体，买菜也不是买菜，而是买卖合同这一民事法律行为。围绕着法律意义上的主体、法律意义上的行为，各科又有自己不同的展开逻辑。

第三，客观题的解析就是主观题的答案。案例分析题答案的展开方式以司法三段论的结构展开，一般是结论先行，然后是引用法律规定说理，再简单阐述案情与法律规定是符合的。这样就完成了一个问题的回答。有些简单的问题，说理部分没有必要将法律规定和案件事实强行区分开，把它们糅合在一起，清晰表达出观点就可以。

而我们看客观题的解析时也会发现，解析的思路其实就是主观题的答案思路。一方面我们可以通过每一次的认真解析，训练自己在解答问题时的思考套路；另一方面在自己整理错题笔记时，也要有意识地去按照这种思路去梳理自己的出错点。然后把自己的思考过程按照正确的思路写一遍。

还有一些其他辅助能力，比如你怎样才能把大案例读明白、把法律关系理清、定位考点？要靠对文本分析的刻意训练。怎样快速找到案例分析的切入点？要靠把一层输出的框架一点击穿，形成对一个学科问题解决方式的整体思路。

当然你也要知道，每一个人的能力不同、基础不同，对于方法的执行度和体验度也是不同的；而当你面对一些现实的特殊情况时，也一定要根据自己的实际情况调整。比如，当你进度很慢或者开始复习很晚时，你的第一目标应该是保证各科目学习的完成度，而不能优先去考虑主客一体复习。

最后，我们来简单分析一下，主观题案例分析的备考思路。

除了以上所说的把主观题考查要求的能力融入客观题备考，你还要知道主观题案例分析备考的节点是各科的解题方法。根据每一科不同的特点，案例分析方法也有不同的侧重点。比如刑法案例，考查的核心一般是罪与非罪、此罪彼罪、一罪数罪、罪轻罪重。刑法问题的分析基本跑不出总论的目录，所以哪怕你每天抄写一遍目录也要把刑法的分析路径反复演练，直到形成一个你完全可以自动调用的思维模型。再比如民法案例分析的请求权基础分析法或者法律关系分析法，篇幅所限本书不作具体展开。各科目老师会在主观题相关课程中进行一定的展开讲解。如果想要提前准备主观题，或者提前了解某科目的主观题解题方法，都可以去找到对应的课程。

很多人都建议，主观题一定要多写多练；但是你要知道，为什么要练以及练的是什么。不能练习完、对完了答案，学到的就只是这道题的知识点。你要知道，你要做的是把每一个科目的分析方法、思考路径、思维模型，都熟练应用到能够快速找到分析切入点的程度。你要做的是通过文本分析提取核心要素，把一个很长的案例拆解成几个小案例，逐条去解决。你要做的是，每一次写完都看一下自己的"法言法语"是否通顺且规范。站在命题人的视角、站在阅卷老师的视角：你的答案是否在该采分点上？该采分点是不是能够让阅卷老师一眼就看到？如果这些核心问题你都能多思考，而不只是为了做题而做题，我相信用不了多久，你就会发现其实主观题没有想象得那么难。

最后总结一下：本章开头我们就说，客观题基础打牢，主观题就不会有太大问题。但你要知道，主观题到底在考查什么？各种题目解题的思维模型是什么？自己怎样做才是对最终得分有帮助的？我想这些问题，不仅适用于一战考生，对于只考主观题的二战考生也是有意义的。还是那句话，因为主观题、客观题的分离，导致了大家都过分把资源倾向于客观题备考，但是法考的内容如此之多，是怎么学也学不完、学不透的。你须盯住真正的目标，做有意义的努力。主（观题）客（观题）一体复习没什么新鲜的，2017年以前的考生，大家不都是那么学的吗？怎么现在反倒成了难点了呢？

第五部分

学习体系建立

第十七章　怎样在备考中做到独立判断

　　我在跟考生的沟通中经常遇到这样的情景，很多考生会说：我太想通过这个考试了；我今年一定要一次性通过主、客观考试等。我想反问这些考生一句：你喊出这些想法，你的依据到底是什么呢？在你过往的经验中，你有什么证据能够支撑这些想法呢？要么你是有过参加其他资格考试的成功经验，要么你是因为工作中常常有接触法学知识的机会。你总得有点儿能让你觉得这个想法靠谱的根据，你的想法才有意义。如果什么都没有，那对不起，你的想法只能叫作愿望。只有具备一定依据、一定逻辑起点的想法，才能被称为判断。

　　那么"独立"又是什么呢？独立是作出判断的原则和标准。我们面对的是信息过剩的局面，各种信息被包裹着不同目的的"外衣"真真假假难以分辨。而轻信是人的本能，大多数情况下我们会用自己既有的经验，很快作出一个判断。以直觉为主导，就会造成盲信、盲从。独立判断就是为了避免用错误的信息作为逻辑起点，而作出错误的决断。

我们在解决一个问题的时候，就是在把现状和目标之间的差距弥合。而这中间的选择和行动正确与否决定了你是否能够实现目标。在错误的方向上，越努力则错得越离谱，所以我们在备考过程中需要具备独立判断能力。

独立判断就是建立在认清自己和认清目标的基础上，实事求是地对一个信息得出要不要相信的结论，并进一步依据该结论做出行动的能力。

一、它是谁？我是谁？

行动意味着耗费时间，而这个时间耗费得是否有意义，就决定了你真正的有效投入是多少。抛开个人能力和基础，有效投入是确定你是否在真正努力的关键。而我们在行动之前所作的独立判断就成了节省时间的关键。

一条信息是否可信，信息源是谁很重要。我们在面对一条信息时，作出独立判断的第一步就要想想它是谁、我是谁。

"它"代表信息源。信息源的背景、专业能力、口碑等决定了这条信息的严谨程度以及与你的匹配度。也决定了你对其应该给予多大的信任程度。比如老师、培训机构、往届考生、同届考生等，在备考的过程中，这些不同的渠道都会向你传递一些信息，你觉得更应该相信谁呢？

其实更应该相信谁？本身就是一个需要独立判断的问题。从不同的角度来分析，在信息选择上就会产生不同排序。对于宏观信息，我更愿意相信老师或者培训机构，因为有些信息是考生不可能全面掌握的，如果一个考生给你分析宏观问题，那你大可以不听。对于微观信息，我觉得要看具体的考生经验是否比老师的建议更能贴合你的实际情况。根据往届通过法考的考生的经验可以发现，那些特别具体的技巧都比较值得关注，比如，某个老师的某个资料特别好用以及在某种情况下自己用了哪些方法；往届未通过法考的考生的失败经历对你也可能很有帮助，而他们的其他推荐则不一定值得借鉴。如果是同届考生，从信息源的角度来分析，我觉得是可以完全屏蔽的。如果有同样的时间，你不如通过其他渠道搜集自己想要的信息。

所以说，从信息源的角度来分析，身份只是参考因素，而非决定因素。所有盲目在备考群或者论坛一类的公开场合提问，最可能得到的是同届考生七嘴八舌的建议。而这些建议更有可能造成你思维混乱，而不是让你更清晰。在咨询别人一个问题时，你更应该关心，他是不是站在你的角度在考虑问题，否则你越是相信，就越可能出错。单论信息源，你更应该做的是主动去搜索，并且根据信息源的具体情况，有选择地摘录对自己有用的信息备用。

"我"代表你自己的基础：你是在职、脱产、法本还是非法本？你的基础是什么样，你就要找背景与你类似的考生给出的经验或建议才比较有针对性。你看到有的人在论坛上发了一段两个月过法考的经验，却忽略了那人是刚考完法学硕士或者本身法学基础比较好的事实。如果你强行按照经验操作，极有可能是白白浪费时间。你看到别人都建议要加速听课，但是如果你的理解力确实有限，那你就得老老实实地按正常速度听课，甚至可能需要连续听两遍。千万不要错把愿望当成是自己一定能实现的结果。所以，从你自己的基础出发，制定一个合理的目标才是你应该做的。所谓的三个月通关计划模板、两个月通关计划模板，不过是博取流量的噱头而已。

二、它在哪？我在哪？

作出独立判断的第二步是要判断：它在哪？我在哪？

"它"代表这个信息发出的情境。也就是这条信息有什么前提、针对什么问题、发出的目的、证据是否能够说服你等。任何一条信息都可能启发你，也可能误导你。就像我们总说的三轮复习中的背诵阶段，没人会向你详细解释每个词的理解细节。而在认知不全面的情况下，这些理解偏差会直接造成你备考策略的偏差。

熟悉我的考生会发现，我在发布一条建议或者知识点讲解时，会尽量遵循全面客观的原则。我会尽量把一条建议的原因或者具体针对什么问题描述一下，这样才更有利于考生接收信息，但这样做的毕竟是少数。

那么，定位这些信息是出于什么目的发出的，它的论据是否足够客观，对你而言就非常关键。像我们前面举的关于真题的例子，强行把刷题数量跟通过法考建立起因果关系，就是不负责任的。从这个角度来说，你对自己所看到的绝大部分备考建议都可以带着这样一个批判的眼光去看。你会发现，大量的建议都存在把归纳当因果的谬误，比如类似的还有：只有学习"薄"讲义才能通过法考；某一个科目绝对不能放弃，放弃了就通过不了等。而这些言之凿凿的"建议"不知道要造成多少考生慌不择路地作出错误的决定。

所以遇到越是笃定的因果联系，越是要小心，因为如果有那么多的强因果关系，法考的"通关密码"早就被破解了，何至于这么多人至今仍然"备受折磨"呢？

"我"代表你所处的现状。当你确定一条信息可以作为你的参考，那你就要盘点一下自己的备考现状。此时此刻，到底是应该听课还是看书，或者刷题，你要作出一个选择。这个选择没人能替你作出。因为知识点在你的头脑里，别人不知道你到底掌握到什么程度。如果做真题的正确率还比较低，很多知识点不理解，那你就必须回去听课，把知识点搞懂，而不是盲目地以为背诵可以解决问题。如果你的真题正确率已经比较不错了，那你觉得还非得要遵循一定要刷套卷或者参加模考之类的建议吗？

我几乎不会主动提出特别具体的建议，正是因为我知道，此刻你的脑袋里很可能已是一团糨糊，你也不知道该听谁的。但能作出正确选择的还真就只能是你自己。最起码，听的课是否听懂了，自己头脑里对知识点的理解、知识体系的印象是什么样，做题时有没有思路，这些都只有你自己才清楚。

三、我真理解吗？我还有更好的选择吗？

在信息和你的现状中间，你还要问自己一个问题：我真的理解这条信息吗？我还有更好的选择吗？

对备考认知有局限是每一个人的现实状态。但是我们不能因为有局限就不做出行动。面对一条信息，我们要在明确了信息源头、信息情境之后，试着去理解其真实意图是什么，你不仅要以批判的眼光看待别人的建议，更要以批判的眼光看待自己的判断。比如，你作出一个判断到底受到了哪些因素的影响，这些因素你是否真的理解了。

一条建议或一条信息如果看似很简单，那你就要警惕，它往往不能真正帮到你。如果你还有其他的选择，希望你选择那个更难但你确信可以获得比较好效果的路径。不寄希望于捷径才是最大的捷径。最后时刻，你觉得你应该坚持把自己的薄弱点补足还是去盲目地跟一些带背呢？答案肯定是围绕自己的实际掌握情况去完善才是最佳方案。但是我却看到很多人放弃自己的进度，想去通过带背班或者冲刺班的形式去达到所谓的大幅度提升，这就是丧失了独立判断的体现。当然了，如果你真的没有更好的选择了，且你的备考进度慢得可怜，但还想拼一下，那我觉得这样的冲刺类培训也不是不可以参加。也许这是你可以作出的唯一理智选择。

四、小步试错，勇猛精进

我们不可能做到对考试的全面认知，所以在作出初步判断后，最重要的是开始行动。独立判断的最后一步就是在谨慎相信的情况下小步试错。一旦找到了正确的节奏就要拼尽全力，勇猛精进地行动。

当你综合了自己接收到的所有信息，并全面考虑自己的实际情况后，就要作出一个初步的选择。这个选择就是你的行动指南。在明确看到效果之前，你都要谨慎看待这个判断，并且在行动中随时修正和审视。如果在实践中发现你的判断不符合实际情况，那就要随时调整，及时止损。

经过你修正和融合之后的判断，应该是在分析了很多信息的基础上，能够达到一个你比较满意的效果。听课、看书、做题、笔记的配比对每一个人来讲都是独一无二的。别人可以给你提供笔，可以给你提供颜料，但这个调色盘能调出什么色彩，每一笔都应该由你亲自完成。

你可以从这个时间配比的学习节奏中收获正反馈，它可以是做题的正确率，也可以是对知识点豁然开朗的理解。一旦你借助自己的选择和各种资源建立初步信心后，就要开始埋头苦干、努力奋斗了。任何想法如果不能落地为踏踏实实的行动，永远都不会发挥作用。你只需要在自己的掌控下，勇猛精进地去拼，等你再抬起头时，也许已经能依稀看到彼岸的轮廓了。

总之，判断不分好坏、不分对错，只看它是否适合你当时的情况。独立判断是为行动提供依据，行动也是验证判断是否适合自己最好的试金石。你要搜集足够多的信息，保证自己的认知不是特别片面。同时要以自己为主，尽量不受信息本身或者信息源的干扰，把你面对的具体信息与自己的实际情况去匹配。通过谨慎相信、小步试错的方式去验证这个信息是否能给自己带来助益。在行动的过程中还要不断修正自己的认知，随时根据实际情况调整自己的判断。最后，不断完善自己的认知，相信自己，勇猛精进地去行动吧。

第十八章　怎样高效休息

我们讲的休息主要是针对大脑疲劳的情况。本章内容和下一章精力管理的内容共同组成了本书前言架构中关于学习状态保持的理念和方法。由于很多考生不能一直保持清醒的头脑，忽视状态保持，总是把学习、生活、休息搅成"一锅粥"，从而经常出现学习状态的起伏。所以，我们有必要把怎样高效休息，单独开辟一章重点强调。

身体的疲劳感可能通过歇一会儿或者睡一觉来恢复；可一旦大脑陷入深深的疲劳感，你会发现不管怎么休息都会感觉很疲乏，持续的低迷状态甚至会让你产生自我否定。这种状态是大脑出于自我保护机制，通过让身体疲乏，不断给你释放信号，这样你就可以少用它了。所以，在学习一段时间后，我们的身体产生了疲惫感，诸如注意力涣散、眼睛干涩、情绪失控等具体表现，都是因为你的大脑累了。

正因为大脑使用时间过长会累，大脑自己也抗拒一直被使用，所以你的状态就会像波浪一样，有波峰也有波谷。我们不是机器人，你可以一时高效，但是不可能一直高效。当你感到很疲劳的时候，强撑着去学习是没有任何效果的，因为这个时候大脑已经"罢工"了。通过有规律的作息安排，劳逸结合才能够保证学习状态的可持续。如果总是在自己状态好的时候制订出一个乐观的计划，然后还非要在大脑已经很疲劳的状态下咬牙完成，这样做不仅效率低，还会经常带给你深深的挫败感。所以，休息是必需的，适当的休息是为了恢复元气、积蓄能量，完成下一轮的冲刺。

一、休息是为了整体状态可持续

什么才是最高效的学习方法？在你自己的能力范围内，以比较稳定的状态学到备考过程的最后就是于你而言最高效的学习方法。而判断整体状态的一个标准就是你每天的学习效率和学习进展，即你在每天应该高效学习的时间段是否做到了高效学习。如果不能做到很高效，你就要追根溯源去排查，排查过后往往原因都会归结于要么注意力无法集中，坐不住，要么能坐住、能看进去却理解不了，再加上你自己的性格和心理状态作祟。手机、各种备考建议以及各种想玩儿的冲动，叠加着不理解和记不住知识点的焦躁情绪，这些所有的因素都在从四面八方攻击你的整体状态。哪一条信息都需要你去处理、去选择，一来二去你的整体状态就乱了。如果你没有反思，没有把自己拉回来的动作，整体状态就会混乱很久。

针对整体状态的维持，我想给大家介绍正念休息法。所谓正念，以我的理解，其实就是通过不断感知此时此刻自己的状态，达到让感性的意识接受理性的控制。这样你就可以按照自己的理性思考去做正确的行为，而不是顺着感性去焦虑、慌乱，任由自己的身体做出不符合你真实利益的行为。简言之，正念就是觉知此时此刻。

正念这个心理过程是一个割裂的过程，它可以帮助你把注意力放在当前的状态上，中断与其他事物或信息的联系。这个过程类似于我们学习法学时的事实判断，你在心里通过有规律、客观地描述此刻的状态，以达到把注意力放在当下的目的。

从信息接收的角度来分析，正念的作用就是尽量减少与你当下学习无关的信息进入大脑。不论是无用的信息还是你认为有用的信息，只要它对你当下学习的内容无意义，那它就不应该出现在此时此刻。因为这些信息不是说你接收到了就结束了，它们都会进入你的记忆存储区，挤占工作记忆区的空间。一旦工作记忆区超负荷，你的大脑很快就会产生疲惫感，那本来正常的学习内容也就吸收不进去了。

我们前面提到，大脑运转、工作非常消耗能量，那如果它把本来用于学习的有限能量都用来处理其他信息了，能量自然就不够用了。所以说，正念的本质与古今中外各种指导我们成长的理论没有太大差别。佛家讲：活在当下。曾国藩有一句名言：物来顺应，未来不迎，当时不杂，既过不恋。其实都是相同的意思。

你作为一个人、一个生物系统，是一个整体，你的能量不会凭空多出很多，你在一个地方用了很多能量，那在别的地方可用的能量自然就会少。我一直强调，从饱和的大脑状态中抽离出来，把影响当下注意力的手机放下，屏蔽多余的信息，不去为已经发生的、你改变不了的事实扼腕叹息，也不为未来还没发生、自己无法确定的事情杞人忧天。这样才能从根本上保证自己有更多的能量用于学习。

所以，保持大脑能够留有足够的能量用于学习是正念的一大作用，也是高效休息的第一步。

了解了正念的原理，我们就要掌握修习正念的方法，并为此形成一定的习惯，从而在备考期内一点点把自己的整体状态置于只专注于备考学习这样一个环境内。

识别状态是修习正念的前提。我们现在日常生活中，大部分需要多路操作、一心多用的事情都是脱离正念的。一次只做一件事情可能对大部分人来讲实在是太难了。大家已经习惯了一边吃饭一边看电视，一边看电视一边刷短视频。甚至很多人已经没有耐性以正常速度看完一部电影，连听歌都想直接跳到高潮部分。这些操作虽可能会让你收获即时的快感，但它们的副作用会弥散在你需要动用脑力学习的过程之中。所谓正念，你就应该从识别自己此时是否只专注在一件事情上开始，真正去感知你吃饭时所咀嚼的每一口，你才会一点点发现，原来米饭好甜、鸡蛋好香。

修习正念是随时随地都可以进行的，并不局限于各种专业的正念课程。如果你没听过正念，我想你也多半听过冥想。练习冥想是达到正念状态的一种方式。它的主要作用是提升专注力。在你思绪混乱时，可以考虑有意识地做一些冥想。

　　具体的操作可以是识别自己的呼吸，呼吸是意识的锚，你用心感知自己呼和吸的过程，同时默念"呼""吸""呼""吸"，提示自己气息在体内运行到了哪里。这样的方式可以帮你在心绪混乱或者有压力的时候收回念头。也可以在走路、坐着、躺着等状态时，扫描自己的身体，给自己的动作或者意识的走向贴标签，比如走路时默念"左""右""左""右"。

　　各种免费的音频、视频平台上都可以轻易搜索到关于冥想的音乐。大家可以找一些自己喜欢的音乐，以配合冥想。

　　当你遭遇了完全打乱你计划的烦心事儿，比如与人争执、身体不适、压力爆棚、学不进去等情况时，你也可以通过有意识地进行正念训练来缓解。具体的操作要与冥想结合，把这个具体的烦心事儿用一句话概括出来；然后，试着在冥想的同时接纳它，再从大脑中移除它。比如，你与人闹别扭或者发生冲突之后，你可以考虑以慈悲心正念，默念"希望你幸福快乐，平平安安"。通过这样的方式可以让你自己尽快从坏情绪中摆脱出来。遭遇其他烦心事儿时也都可以在心里反复默念一句话，通过正向的心理暗示让自己摆脱杂念的束缚。

　　总之，在更多情况下正念是一个可操作的技巧，而非一个遥不可及的理念。长时间修习正念，你的整体状态就会有明显提升，甚至整个人的心态和性格也会有一些改善。

二、在学习过程中劳逸结合才能真正高效

　　整体状态有了基本保证之后，我们还需要在每天具体学习的中间和学习一段时间后这两个微观层面分析一下如何休息。

在一天之内的学习中，你需要一个有规律的学习安排。这就需要你在磨合学习习惯的过程中，好好利用 work plan（计划表），把自己每天可以投入的时间资源梳理清楚。正常情况下，人脑能集中注意力的时间最多不超过一小时。所以一定要设置好闹钟或者以视频课件为单位安排休息。千万不要为了赶进度，一上来就不停地学，否则你这样连续学习两三个小时之后，就可能因为大脑持续高速运转而无法松弛下来，后面怎么也学不进去了。

如果你发现自己学得很轻松，那极有可能是你没有真正投入思考。因为大脑高度集中地学习一定会有疲惫感产生。课间休息时要起来动一动，或者以轻音乐、简单冥想等方式让大脑的状态松弛下来。如果方便，可以尝试做几组 HIIT（即高强度间歇性运动）训练，或者爬一爬楼梯。这样不仅能够让大脑得到休息，也可以用碎片时间穿插运动，以保持身体状态。

每一天的学习要尽量让自己能够在愉悦的心理状态下结束。你可以从计划的完成度、做题的正确率、主动做正向的心理暗示等方面，去找让自己感到开心的线索。这样，大脑会处于一个比较幸福的状态，这就是所谓的峰终定律。也就是说，如果你在情绪的峰值时结束学习，那在前面每一节课学习中，大脑所受的累就会被忽略。大脑会因为在学习结束时获得美好的体验，跟你一起期待明天学习的到来。所以我们说，为什么要掌控，为什么要把计划一直改到自己能完成，其实都是为了"哄骗"大脑为你付出努力。

在学习一小段时间后要安排专门的休息日，是呼应我们在 work plan（计划表）中设置的休息日。我们大脑的思维方式有专注思维和发散思维之分。学习和解决一个问题不能仅有专注思维，还得有发散思维。专注思维积累思考，发散思维迸发灵感，两种思维互为补充，缺一不可。其实很多知识，你已经学到自己的大脑里了，但是如果让你反过来直接去回想，你极有可能是回想不上来的。通过休息，阻断长时间的专注，可以让紧绷的神经松弛下来，往往灵感也会在这个时候迸发出来。我想你应该也有过这样的体验。

当然，休息并不是让你进入另一种专注模式中。比如看电影大片、追一天悬疑剧或者打游戏等，这些会让你沉浸在里面的事情，都属于专注模式。你要想办法让大脑处于放空状态，走出去跟朋友小聚一下，去户外逛一逛或者看一看不用动脑的综艺等，以让自己完全不想学习且不要处于一个比较专注的状态里为原则。你会发现如果有一天什么也不想地休息，第二天的学习效率是明显提升的，整体效率不一定下降。

其实说到休息，归根到底还是在说时间。你得省出来足够的时间，才不会有那种不敢休息的紧迫感。你如果心不静，各种事情放不下，那你就算天天去图书馆学习也肯定学不进去。很多时候，不是你觉得自己想拼就能拼得动的。有可能拼到一半，你的拼劲就用没了。大家一定要开动脑筋把本来不认为可以拿出来的时间拿出来，你才能在排除自己效率低下或者浪费的时间之后，有足够的休息时间穿插在学习中间。我们说，以比较稳定的状态学到最后才更有可能实现法考通过的目标。

第十九章　精力管理

所谓精力管理，就是让你高效的学习时间能够更持久一点。换个角度来说，如果真的到了冲刺阶段或者你的备考时间就是很紧张，你已经没有时间安排休息了，你能坚持多久？你只有每天精力充沛，感觉身体充满能量，思维活跃，你的学习效率才能提高，你才能发挥出自己的潜能。相反，如果你被身体的不适或者焦虑和压力压制着，你的潜能就会发挥很有限。本章中，我们主要从身体状态和心理状态两个角度来展开讨论如何做好精力管理工作。

一、身体状态管理

在辅导考生的过程中，我发现很多考生因为备考而造成身体出现问题。有的人腰颈肩出现问题，有的人因为长时间受迫于慢性压力导致出现一些疾病等。如果你的身体亮了红灯，纵使你再聪明，身体状态无法支撑学习也是很难通过考试的。所以说，备考需要你有一个强健的体魄做基础。

身体状态管理的第一要点就是健康的饮食习惯。

糖分是维持我们身体正常运转的主要供能物质。而糖分的主要来源是碳水化合物。大家可以回想一下，到了中午你很饿的时候，你是不是有种脑袋被掏空的感觉？而刚吃完午饭的时候，是不是感觉大脑状态马上就恢复活力了？这就是能量缺失和充满能量的感受差别。

大脑缺少能量供养，就一定会"罢工"。但是糖分摄入过多也不行，糖分摄入过多会导致血糖水平升高，从而抑制大脑神经元的活跃度。如果吃得过饱，餐后血液被集中于胃肠等消化器官，大脑就会缺血，从而产生困倦的感觉。所以，我们在吃饭时不能摄入过多糖分，也不能吃得过饱。如果条件允许，你可以少食多餐，上午和下午分别吃一些坚果或含糖量较低的水果，以摄入必要能量来维持大脑运转。如果你很容易困倦，就一定要排查一下，自己是不是摄入糖分过多，比如很甜的水果、饮料、主食、精制面食等都是含糖或碳水化合物很高的食物。

除了吃饭，喝水也是非常关键的保持精力的手段。如果长期喝水量不足，会导致身体容易疲惫，甚至是偏头痛或者其他一些身体疾病。每天早上起来就赶紧补充 500 毫升以上的水分，可以让大脑尽快从睡意中清醒。再美美地吃一顿早餐，你就能在一天的初始收获满满的正能量。

饮食方面还有一个比较重要的提示，就是一定不要乱吃东西。比如，特辣的食物会造成胃肠极度不适；夏天的变质食物会导致食物中毒或急性胃肠炎等。这一点对于冲刺阶段的考生来说非常关键，如果冲刺阶段身体出现问题，很可能会完全打乱复习计划，甚至是导致心态崩掉。

所以，大家一定要记得时刻管住自己的嘴，均衡饮食，适量摄入碳水化合物，每餐不过饱，多喝水。吃好吃饱可以让你最起码在该学习的时间能学得进去。

身体状态管理的第二要点是保证自己尽量少生病甚至不生病，有一个相对强健的体魄和比较强的免疫力。

体魄的强健首先体现在心肺功能的强大，也就是能够把血液高效地送往全身。这样才能保证大脑的供血供氧。你的大脑血液充足，才不会总感觉困倦；你的血液循环充分，才不会容易疲劳；你的器官血液充足，才不会容易生病。

如果你之前有很好的运动习惯，身体状态也还不错，那就可以按自己的习惯继续保持；如果你之前很不爱运动，走一会儿路都会喘，那就要从根本上提升自己的体能。

如何提升心肺功能？我给大家推荐最简单的有氧运动，快走或者慢跑。如果你的时间很紧张，实在拿不出来一块单独的运动时间，也要尽量找一些碎片时间穿插运动。比如，本来能坐电梯的可以改为爬几层楼梯；坐车的可以早下一站改为走路等。

每天要保证 30 分钟左右的中等强度有氧运动。运动强度主要以心率来体现，你可以用智能手环实时监测，大概标准是心率控制在 $220 \times 60\% \sim 220 \times 70\%$ 这个区间。在这个心率范围之内运动，会让你感觉比较舒服，不至于很累，还能起到提升心肺功能、锻炼身体的作用。

知道了心率区间的问题，我们就要从头开始，梳理一下运动的过程。快走或慢跑是最简单的运动形式，是任何人都可以随时开始的运动。整体上来讲，不管你的体质多么弱，你都可以在自己身体状态能够承受的范围内慢跑。但如果你体重过大，请选择其他运动，以保护关节为主。而运动的结果最好是能够发汗，大汗淋漓可以让你很明显地感觉到运动带来的快感。这个快感会让你在感觉身体充满能量的同时，心情也非常愉悦。

从流程上来讲，做运动肯定要先热身，热身的方法随便在网上搜索几个视频就能掌握。热身是为了加速血液循环，避免出现受伤的情况。热身完成后，可以按照慢跑三分钟、走一分钟、慢跑三分钟、走一分钟这样的节奏开始。一点点地增加慢跑的比例，变成慢跑四分钟、走一分钟、慢跑五分钟、走一分钟。这个所谓的"跑"，你可以根据心率区间或者自己的发汗程度作出判断，以身体感受为准。

跑完之后也要做一定的拉伸运动，防止肌肉因过于紧绷而造成拉伤。大汗淋漓后冲一个热水澡，基本就能消除一般的疲惫和焦虑。一般情况下，一天的运动流程从热身开始到冲完热水澡，要控制在一小时以内。这样可以避免过于疲劳，影响第二天的状态。另外，如果时间比较紧张，也可以隔天锻炼一次，这样既能节省时间，又能避免膝盖受伤。

养成运动的习惯，不仅你的心肺功能会增强，免疫力也会增强，我们前面总提到的焦虑情绪也会缓解很多。

心肺功能调整的同时可以利用碎片时间提升自己身体肌肉力量。这样可以应对长时间伏案学习带来的腰肌劳损或者肩颈疾病。腰颈肩产生问题是现代职场人的通病，一方面是因为缺乏锻炼，肌肉力量薄弱，另一方面是因为我们的工作、生活习惯不规律。平时我们可能都不太注意，但一旦积劳成疾，就很难逆转。所以，平时一定要利用工作或课间休息时间，随时安排一些腰颈肩活动；工作和学习时也要站姿和坐姿切换安排。

关于肩颈的问题，给大家推荐用头写米字的"米字操"缓解；腰部问题比较适合做"小燕飞"来增强肌肉力量。当然，如果感觉问题比较严重，还是要及时就医，根据医嘱来调整身体。

身体状态管理的第三要点是保证充足的睡眠。

睡眠可以说是最好的休息方式，如果睡眠问题比较严重，长此以往身体一定会出现问题。当然，如果不是严重到需要药物维持，轻微的睡眠问题可以通过主动调节，加以改善。

有科学研究表明，长时间睡眠不足会严重影响决策能力、注意力、记忆力等。睡眠可以分泌脑脊髓液来清理大脑里的毒素，让大脑状态得到恢复。大部分人的睡眠时间需要保持在8小时左右，才能保证第二天精力比较充沛。

我们前面讲到的控制信息接收可以减少思虑，为睡眠提供一个基础条件。同时我们可以从以下几个方面来主动为提高睡眠质量创造条件。

人体生物钟的调节主要靠褪黑素。褪黑素分泌越规律，生物钟越稳定。太阳光可以抑制褪黑素分泌，我们可以通过白天增加户外活动的方式，让褪黑素在白天处于分泌的低谷。晚上褪黑素分泌到达峰值，就可以保证你在该困的时间困，这样也比较容易入睡。

睡前的环境准备也对睡眠非常重要，比如，睡前播放舒缓的音乐或白噪声、把卧室灯光调暗等。睡前要保证自己的行为不会造成大脑兴奋。比如，晚上去看一些刺激的视频，喝咖啡，或者投入一些引人入胜的文字内容都会造成大脑活动无法抑制，进而影响睡眠质量。你应该把卧室和睡眠建立起强关联，争取进卧室就是为了睡觉。自己要有规律地调试产生困倦感的时间和入睡时间，困了马上进卧室，而不要把手机带进卧室。

总之，身体是革命的本钱，我们须从衣食住行等各方面去呵护自己的身体状态。如果不用心去感知，一旦学习方面出现问题，你都不知道该怎样去排查，问题出在哪里，那就更谈不上调整状态了。

二、心理状态管理——对抗焦虑

坏情绪会让你本来还不错的状态一下就崩掉。有些时候，早上的一个坏情绪会直接改变一天的心理状态走向。本来，你可能头天晚上还信心满满地规划着第二天的学习，结果第二天早上因为突如其来的坏情绪就什么也学不进去了。这样的情景在考生备考过程中可以说屡见不鲜。

焦虑、闹心、愤怒等坏情绪都会严重影响你的状态。偶尔的闹心和情绪剧烈波动，一般持续时间比较短，也会有一个比较明确的诱因。这种状态受性格影响比较大，但是调节起来也比较容易。所以，针对心理状态的层面，我们主要来探讨焦虑的问题。其他的坏情绪往往也是因为焦虑让你对情绪失去控制，艰难的任务或陌生的事物都会让你产生一定的焦虑情绪。适度的压力和焦虑可以增加人的紧迫感，是我们必要的情绪动力；但如果焦虑过度或者经常产生无意义的焦虑就会极大地影响你的状态，本来你有一百分的实力，结果可能只能发挥出八十分甚至更少。

焦虑是一种大脑现象。你可能会发现，有些时候自己很焦虑，但是又会突然因为某个因素状态一下子就变好了；有些时候状态比较好，紧接着却因为一条信息而变得患得患失。这些外在的表现其实都是大脑对外界的刺激作出的相应反应。也就是说焦虑是大脑在趋利避害的机制下释放的信号。

对抗焦虑，我们可以从以下几个方面入手。

前面提到的正念可以在很大程度上缓解焦虑。运动发汗也可以将导致焦虑的皮质醇激素快速排出体外，同时，运动可以抑制皮质醇激素过量分泌。

拥有清晰的目标感。你要知道自己现在正在做的事情是不是对的。我们前面的内容，比如目标管理、架构、总结反思等都是为了保有目标感。你要以自己的计划和效率为核心去判断如何推进学习过程，而不要受别人的备考进度、手头的备考资料、考试期限等因素影响。要沉浸在自己构建的世界，进行高专注度的学习。当你屏蔽掉了很多无效的信息，做出一些真正能让你感知到进步的努力，你就能够尽量避免过度焦虑。

正向的心理暗示。你可以选择在早上和晚上睡前，给自己确定一些固定的话术，念叨出来。比如：学不完也一样可以通过考试，大部分考生都学不完；我一定能通过，因为我的真题正确率已经达到 70% 了。你有哪些优势以及哪些值得说一说的小成绩都可以用来强化这种暗示。这不是什么玄学，反复地进行正向心理暗示肯定是可以给大脑注入强心剂的，相反，一直给自己负向的心理暗示，你的大脑状态也会比较低落。

我们可以接受近期的焦虑。比如，自己咋就理解不了这个点，今天又没学习等，这种小的焦虑是可以激励你更有紧张感和专注地去学习的。理解不了，你就告诉自己：我学到后面，联系的知识点多了，这个点就能理解了。把它们标注好，往下推进学习就好了。今天没学，它是已经发生的、不可改变的事实，那就往前看，明天好好学就完了。我们要坚决杜绝远期的焦虑，对结果的焦虑，对进度的焦虑，类似这样对未来的不确定性所产生的焦虑都是杞人忧天，是很没有意义的。

总之，焦虑的状态来自很多因素的刺激。你可能没有办法完全屏蔽信息，也可能是学习效果不尽如人意，但你要时刻想着自己在做的事情是为了什么，并且要为调试自己的状态不断作出小的努力。

要保证自己有足够的意志力，保持头脑的清醒。只有头脑清醒，你才能够判断到底哪些属于未来、哪些属于现在，哪些该焦虑、哪些不该焦虑。没有了足够强大的意志力，你的身体也就没有办法和大脑对抗了，你会不知不觉吃很多东西，会不经意地刷很长时间的短视频；当你被生活击溃，你就会陷入习惯性焦虑的恶性循环。

没有谁的生活是容易的，大家都承受着各种各样的压力。有压力就一定会有焦虑，但请大家能够明确一点，焦虑如果能解决问题，那还要努力干什么呢？希望大家把全部的精力投入到行动中，踏踏实实地努力到最后，你一定会得到自己想要的结果。

第二十章　怎样养成好习惯

所谓习惯，就是大脑长期、高频地受到外界同类型的信号刺激，以至于形成了稳定的神经回路。大脑知道，只要遇到这个场景、这个声音、这个画面，就要发出特定的信号支配你的行为。这是一个自动化的过程，自动到根本不用你产生思考，大脑自己在潜意识状态下就把活儿干完了。

你肯定知道哪些习惯好，可以让你变好，也肯定知道哪些习惯不好，可以让你变差。但是一旦形成了某种习惯，你就很难改变，哪怕你非常清楚自己应该作出改变。我们前面从大脑本能的角度分析了惯性，这主要是从反面来阐释改变相对于本能的难度。而习惯相对于惯性，是更加具体的概念，很多时候我们可以清晰地区分出好习惯和坏习惯，但就是做不到改变。本章我们就来认识一下习惯，探讨怎样养成好习惯。

一、找到自己的动机与信念

养成习惯需要从改变开始，而改变往往都源自强烈的动机。

你的动机是你想要得到的或者你想要成为的，可以是名利，可以是自尊，抑或只是为了生存。当你有足够的渴望，你才会为了得到作出相应的选择。你为自己的选择做出自认为应该做的行动；大脑得到了反馈之后，会建立结果和行动之间的联系。经过很多次行动后，你就会形成习惯。当然，习惯有好坏之分：好习惯多，你的人生境遇就会好一些；坏习惯多，你的人生境遇可能会多些坎坷。时间久了，有些人连对境遇的认知也变成了习惯，理所当然地以为，这就是命运。

我们可以梳理一下此处完整的逻辑：动机决定选择，选择决定行动，行动改变习惯，习惯决定境遇，境遇成为命运。

动机的产生由很多的因素决定，整体上来说就是你到底想成为一个什么样的人？成为那样的人，你会获得巨大的满足感和幸福感。人们总是羡慕别人很成功，但殊不知，每一个优秀的人，都有一段沉默的、不为人知的时光，只能一点点积蓄力量。这个积蓄期甚至可以长达几年甚至几十年。

微小习惯所形成的作用累积，就像是投资复利的积累过程，一点点像滚雪球一样滚动。只有当它长到足够大时，每滚动一圈所获得的成长才是十分惊人的。而当你的能力还是团在手里的小雪团的时候，你滚了好久它还是不太大，有可能这个时候你已经腰酸背痛了，有的人就这么放弃了，但是某一天，当坚持下来的人突然发现，自己每滚动一圈就获得翻倍甚至翻几倍的成果的时候，他们才会理解复利真正的价值。

复利的价值，往往都来得很迟，以至于被世界上绝大部分人错过。这也正是改变如此艰难的原因。《掌控习惯》里有一句话：最有力的结果总是姗姗来迟。很多人即便看到这样的话，也会在实践中刻意忽略，因为大家都在追求速成。但所有的表象背后其实对应的都是你看不见的积累。

改变的结果总是迟来，我们要坚定信念，并且不断激励自己不要迷失。所以，我们一直在反复强调，不断地刻意投入可以欺骗大脑、让大脑接受你的信念，判定现阶段通过法考对你而言是非常重要的事情。

我们要做的是一直告诉自己：我行的；我不笨，人的智商都差不多；我能理解的，这些知识点学到后面都能学会；不管时间够不够，正确努力到最后，哪怕不过，我也问心无愧了。你不能总是想自己怎么这么笨、记忆力不好、自己没有别人进度快等，这些负面的激励同样会强化负面的信念。

你的每个动作都在强化"我能过"这个信念。你的每一个选择、每一个行动都在为这个信念服务，你的学习习惯就会慢慢养成，到最后你和好习惯融为一体，你就是在做正确的努力了。

总之，想要养成好的学习习惯，并为此作出改变，就要找到自己真正的动机；同时还要知道，即便你的目标就在那里，你还是需要度过一个漫长的积蓄力量的时期，才能真正品尝到胜利的果实。在这个过程中，你可能会迷失，可能会想放弃，但你要自己主动创造正反馈，屏蔽负反馈，坚定信念做出正确的行动。最终，所有正确的努力一定会转化为好的结果。

二、养成习惯的步骤

基于习惯的产生机制，可以把养成好习惯分解为具体的步骤，像解决其他问题那样一步一步去解决。

养成习惯的第一步就是，当你明确了想要养成的习惯，就要想办法通过各种方式提醒自己，在大脑进入自动化之前，阻断这种自动化，刻意建立起你想要的联系。

你可以用计划表、日记、手机备忘录、便签纸等去提醒自己该做什么、不该做什么。要让这些提醒随时随地，无处不在，最开始，我决心养成运动习惯的时候，就是在家里的所有电器、洗手间门口等显眼处都贴上了便签纸，提醒自己一定要每天跑步。等我有两三天不跑步就浑身难受的时候，习惯才算是养成了。

这里要注意一点，你对大脑所做的提示，必须特别清晰明确，才能减少大脑逃避的机会。比如你可以告诉自己，醒来第一件事不是拿手机、不是喝水，而是要看一眼已经定好的行为模式清单或者计划养成习惯的清单。这样明确到具体动作的提示，可以让你避免因为惯性拿起手机直接进入坏习惯模式。千万不要嫌麻烦或者以为自己可以对抗本能。

我们要把自己想要养成的习惯做成这样的形式："当某种情况出现时，我要做具体什么行为"。这个行为越明确越好，否则你就会被早已经融入潜意识的坏习惯支配，而无法进入正确轨道。

另外，你可以把一个自己想要养成的习惯依附在其他既有的习惯或行为模式上，比如你想下班到家就学习，那你就给自己一个明确的提示：进家门后的第一件事就是坐在学习桌前，规划一下晚上的学习怎样安排。这样自然而然的衔接，可以让你更轻松地执行。如果你进家门后的第一件事是下意识地坐在沙发上，拿起遥控器打开电视，那么哪怕你反复告诉自己只看 10 分钟，你也还是会像被沙发吸住了一样，很难从电视节目转换到书本。

可光是提醒自己走上正确的轨道还远远不够，因为你的提醒只是建议，最终做出决定的是大脑。还记得吗？大脑就是那个"小公主"，你得顺应它的本能和认知规律把它哄明白，才能让它按照你的理性去支配行为。一个明确的提示只是你想要，并不是它想要。所以养成习惯的第二步，就是把你想要的转化为大脑想要。

那大脑为什么会主动指挥身体去做原本不爱做的事情呢？

一方面是因为进化带来的本能，这些因素是深植于基因的。它们是人人都会有的深层动机，比如自尊、羞愧、渴望得到认可等。比如，若你跟同事或家人都把牛吹出去了：自己今年肯定能通过法考。你不想学习的时候，会想到大话无法实现的尴尬。这种想要避免羞愧的感觉，就可以激励你产生好好学习的渴望。在面对诱惑时，你就能多一点控制力。再比如，有很多人开始吸烟并不是因为真的想要吸烟，只是为了融入一个圈子而让自己不会显得那么格格不入。

当现实情况与你内心的深层动机不符时，你才会渴望去作出改变。但是我们每天面对的信号刺激实在是太多了，并不是像现在描述的这样——简单的、线性的，有提示就能产生行动。你还要进一步遵循大脑的规律，给它设定奖励机制。也就是我们一直在讲的正反馈。你可以提前设定一些奖励，比如完成到一定进度就给自己买一个小礼物，或者吃一顿大餐。有些奖励是在行动过程中获得的。这些正反馈就需要你在行动的过程中，通过计划、掌控、沉浸主动去创造。

如果一个行为的难度，超过你的能力很多，那你就很难开始，所以我们要把行为分解到尽量简单、易行、好操作。比如写 work plan（计划表），就算你写不出太多总结，我想你也可以写出：我今天某时某刻浪费了时间，我不应该那样。让开始的行为变得简单，让事情的发展在你的掌控之中，你才能够从写一条反思，变成做很多深度的思考。就拿我写作这件事来说，原来我写几百个字都费劲，但是从一条几十个字的微博写起，一点点地就养成了写作的习惯。

哪怕你已经作了很多准备，大脑也已经了解了做出某个行为的重要性。真正持续做出正确的行为，还是需要很多努力才行。

如果你明知某一个目标选择是正确的，那就不要刚遭遇一点挫折就放弃这个目标。只要你给了大脑一点点偷懒的机会，它就会马上转向你希望的反面。改变那么难，不可能随便搞一搞就能做到。在困难任务面前我们往往需要坚持，坚持到能收获一点儿正反馈做为支撑我们继续做下去的力量。就拿看书来讲，你如果之前没有阅读习惯，长时间看书肯定会让你头疼。想到看书看不懂的那种痛苦，你就会下意识地产生拖延的想法，甚至同样会下意识地就去以听课、做题这样的稍微轻松的任务代替看书、整理笔记这样的困难任务。但是这个起步阶段是你必须经历的痛苦阶段。你不坚持一小段，永远都不知道能看懂书会带来多么明显的效率提升和快感。不突破这一关，你依然会和大多数人一样，将备考过程变成单纯的时间堆砌。

在养成习惯的过程中，还要主动给自己创造养成习惯的环境。你想坐地铁时看书，那你就得准备一个降噪耳机以隔绝周围的噪声；你在家学不进去，那你就去找能学进去的地方学习。那些可能会扰乱你养成习惯的元素，你都要想办法屏蔽它们。在一个稳定、规律的环境下，习惯才更容易形成。

很多你想养成的好习惯，一旦可以起步，我们就要一点点地寻求更好的完成方式，强化完成度。当你让大脑因为支配你做出特定行为而得到奖励，经过反复多次刺激，大脑就会记住这个感受。

之后，你需要做的就是高频次地重复以上步骤，强化自己对好习惯的渴望，并做出正确的行为，获得正反馈。一直重复，直到大脑积累的愉悦感可以让身体做出自动的动作。

我们整个的学习体系也是在帮助大家，真正从"要你学"变成"你要学"。因为对目标的渴望，因为对更好的自己的渴望，你愿意牺牲娱乐活动，愿意钻研学习方法，愿意每天反思改进，愿意主动去解决问题。一点点地，习惯成为了你，你也成为了习惯。

最后，我们对这一章内容做一个总结。习惯是大脑自动发出支配行动信号的神经回路。要想改变习惯就要阻断这个自动化的回路，创建新的回路。你须明确知道自己想要成为什么样的人，你要养成的习惯要围绕这个你想成为的人去规划。

创建新回路的具体技巧是首先你要为习惯设定好明确、具体的提示，这些提示是经过你深思熟虑，发自内心想要作出的改变。它们可以提供给大脑一定的动力，让它愿意按照你的意愿发出指令。你还要为大脑设定一定的奖励机制，或者在行动的过程中，主动创造并放大正反馈。提示由深层动机出发，作为行动的引子，奖励或者正反馈是行动的助力。大脑支配你做出行为，并由此获得愉悦感，一个在初期还相对较弱的神经回路就形成了。通过不断的重复刺激，让神经回路不断强化，直到能够达到自动化的程度，你的好习惯也就养成了。

心理学家卡尔·荣格有一句名言：除非你让下意识意识化，否则它将支配你的生活，而你会称之为命运。所以说，养成习惯不是终点，保持住一个习惯可能需要一生的坚持。你会因为好习惯，一个台阶、一个台阶去进步，当你取得了成绩，在其他人看来你也就成为了一个"厉害"的人。

后记：我要在你的脑袋里画一幅图

你好，朋友。

很开心你已经把书读到了这里，而不是随便翻翻或者中途就把书扔到了一边。

其实写书这件事情，在此之前我是万万不敢想象的；至现在，我也认为自己是一个能力一般、水平有限的人，好在我自己努力且自省，通过不断求索，我一点点把自己心中的那幅图景，画得有模有样了。斯蒂芬·茨威格在《人类群星闪耀时》中写道："一个人生命中最大的幸运，莫过于在他的人生中途，即在他年富力强的时候发现了自己的使命。"使命感可以引领一个人穿过迷雾，认清自己，明确知道自己想要什么，不想要什么；该做什么，不该做什么。至少从这一点上，我相信，我心里的这幅图景就是我的使命。

　　我希望把我心目中关于学习，尤其是法考备考该有的图景描绘给你。这样我们头脑中的图接近了，在交流上就能更加顺畅。你也可以在看完书后对照一下，自己头脑里有没有关于备考过程和学习方法的图景？你对自己通过努力即将获得的改变，有没有一个比较清晰的方向？希望这几个月的备考经历，能够帮助你感知自己的每一个选择、每一个努力的瞬间。让法考，不仅是通过！

　　说到图景，它应该有远、中、近、特、全很多维度，而不是一幅静止的画面。你可以把它想象成一部个人奋斗的微电影。远、中、近、特、全等不同维度的角度区别，推、拉、摇、移、跟的镜头变换，我们借用这些影像领域的术语，来给自己预"拍摄"一部为通过法考而努力的微电影，然后一点点向这个图景去靠近。

　　头脑里的第一个画面，就是紧迫感。紧迫感源于你真的很想要得到。如果你很想通过考试，那就尽早开始准备吧。不要感觉时间还早，于是就有一搭没一搭地学习。你在备考前期浪费的时间会在备考后期以加倍焦虑的方式反噬你。我遇到太多中途因为各种原因最终放弃备考的考生了。尤其是在职考生，很多人时间非常紧张，甚至忙到一两个月也学不完一科。几个月就这样稀里糊涂地过去了。备考前期磨合出一个适合自己的学习节奏是非常重要的。一开始就以正确的态度，给自己适度的压力，在第一科、第二科学习中学出效果、学出信心是你要追求的状态。

　　头脑里的第二个画面应该是目标感。这里的"目标"既包括终极目标，也包括每一个月你要有一科或两科达到掌握还不错程度的阶段性目标。每一天你都可以熟练运用 work plan（计划表）或者其他自己改良过的计划表、清单，以终为始地拆解目标之后，你还是需要不断调试，修正自己的计划。当你可以做到日目标、周目标、月目标，全都了然于心，每天都做小的反思总结，不断为解决遇到的问题想办法。哪怕还有很多内容学得不到位，在法考全局观的基础上，你也可以清晰地针对自己在什么位置、还差在哪里等作出预估。总之，你必须知道，为了完成目标，自己当前最应该干什么？

　　头脑里的第三个画面是掌控感。关于计划执行、备考进度、知识理解等，你都应该有自己的思路。你应知道，学习最大的资源就是你自己。什么样的信息需要吸收，自己怎样把学习做得更好？你会根据自己的独立思考和判断作出选择。在面对每一个问题时，你都用第一性原理去思考：这件事情的本质是什么？慢慢地当你具备穿透现象看本质的能力，并且能够经常、正确地解决问题之后，你会发现，善战者之胜地，无智名，无勇功。虽然人人都想找到一个简单答案，但真正的能力积累、掌控局面，一定源自按部就班、不怕烦琐地坚持做正确的事情。只有踏踏实实地付出行动，距离获得掌控感才可以更近。

　　当镜头推近一点，你会看到这样的画面：你通过合理安排和执行计划，很好地协调了工作、生活和学习。打乱计划的事情依然会经常出现，但是你可以在最短时间内调整状态。让自己恢复到头脑清晰、精力充沛、日有所进的高效备考模式。

　　每一周、每一个月回头看看自己计划执行、学习进度推进的情况，你都能及时安排复习、总结、做题，让学习和复习有效衔接。对于每一个科目的学习，都应有明确的节点感，比如，学了几天，学了半本书还是一本书，你都应安排完整的用于梳理知识体系的时间。这样以学习效果为标准的不断复盘，可以让你对掌握程度的感知，基本符合考试做对考卷上 60% 题目的要求；同时，通过有意识的输出训练，你对学完科目的目录、核心重点的知识架构都已经达到脱口而出的状态；并且，基本实现了一点击穿后的沉浸状态，进而把学习融入工作、生活，开始全面开花，随时随地产生联想。你的正反馈会不断增多，对学习的兴趣也越来越浓厚。

镜头再推近一点儿，具体到每一天的学习流程。你可能总是在挣扎；你依然还是会忍不住玩儿手机，被各种事情分散着注意力，但这些都在你不断感知和修正下已经被控制在了合理范围之内。至少，在你应该学习的那几个小时里你是高效的。

每天从起床就直接按照行为模式清单的指引，阻断大脑的自动化运转。由此，自己从早上就知道，今天的关键要务是什么。

在学习过程中，通过预习、听课、课后整理笔记、做题等学习动作，掌握备考的正确节奏和方法；让拆解抽象概念、逻辑思维、法律思维以及文本分析的具体方法可以贯穿整个学习过程。在一节视频课件的时间范围内，你可以基本完成预习、听课、课后总结等全部学习动作。把学习成果固定下来，真正做到学有所得，再继续向下推进学习；做题和整理笔记也能够帮助你做到慢慢思考；每一道题的解析，笔记上的每一笔记录，都是在给你的知识体系添砖加瓦。拥有如此高效的复习过程，让你的每一天都能在收获满满的感觉中结束。

备考全程你都要抱着必过的信念，哪怕有无数次怀疑自己，你也要在"擦干眼泪"之后告诉自己一定能通过。焦虑不可怕，可怕的是持续且无谓的焦虑。哪怕你觉得自己学得再不好，你去做历年真题，也还是能收获40%甚至更高的正确率。这40%包括了送分题和老师反复强调的绝对重点内容。这些分数是你只要通过正常学习并坚持到考试就能够拿到的，几乎不需要任何方法和技巧的加持。

　　你要去弥补的，是你的能力与通过考试之间那剩下的20%的差距。或者说，你与通过考试，也许只有20%的差距。这其中10%来自你的复盘、整理、输出，10%来自你能把握更多一点的细节。考试必过的信心从哪里来？信心会从你每一次学有所得的收获中来。当你专注于自己所学的内容和学到了什么，而不是只看自己与别人的差距或是还有多少没学。你就距离通过考试不远了。

　　你的心里一直有这幅图景，同时你也知道考试只是起点而非终点，那么在考完试之后，你收获的不是疲惫和对学习的抗拒，而是对继续学习的热情。既然你可以通过不断学习提高自己的能力，几个小时就能快速翻阅完一本枯燥的讲义，那阅读其他书籍，你一样可以做到。既然你可以通过梳理知识体系，对一个学科的内容进行有效的输出，那在其他领域，你一样可以做到。学习习惯养成了，学习体系建立了，你的终身学习之路也就正式开始了。